MEMOIRE

en Images

LIBOURNE

ENTRE RIVIÈRES ET VIGNOBLES

Le site de Libourne connaît, dès le Ier siècle, une occupation gallo-romaine. Les fouilles de sauvetage, menées par Bernard Ducasse, ont mis au jour un matériel important, sans rapport cependant avec l'*emporium* de Condat, évoqué par le poète bordelais Ausone au IVe siècle, même si aujourd'hui un faubourg de Libourne porte le nom de Condat.

Ce cliché est pris par Aubert avant 1874, année de démolition de la fontaine jugée alors inutile, peu esthétique et occasionnant un embarras pour le commerce. L'imprimeur Henry Guillier illustre vers 1895 une de ses premières cartes postales avec ce document rare.

MEMOIRE
en Images

LIBOURNE

ENTRE RIVIÈRES ET VIGNOBLES

Alain Chaume et Claude Pestaña

ALAN SUTTON

Dans la même collection

Département de la Gironde

Andernos-les-Bains
Arcachon (Bassin de)
Arès
Audenge et son canton
Bassens I, II et III
Bègles
Belin-Béliet et ses environs
Biganos - Porte du delta
Bordeaux
Bordeaux - La Bastide I et II
Bordeaux - Les Chartrons
Caudéran
Cenon
Créonnais (Le)
Floirac
Gabares de Basse Garonne
Gradignan
Gujan-Mestras
La Brède (Le canton de)
Lacanau
Le Bouscat
Lège-Cap-Ferret
Lormont
Mérignac
Pauillac I et II
Pauillac (Le canton de)
Pauillac de château en château
(Le vignoble de)
Pessac
Pessac-Bourg
Ports et gabares de Gironde
Pyla-sur-Mer
Saint-Augustin Bordeaux
Sainte-Eulalie en Entre-Deux-Mers
Sainte-Foy-la-Grande et le pays Foyen
Saint-Médard-en-Jalles et son canton
Soulac-sur-Mer et la pointe du Médoc
Talence
Villenave-d'Ornon

De nombreux ouvrages ont été publiés.
Un catalogue de plus de 1 700 titres est disponible sur simple demande
auprès de votre libraire ou aux Editions Alan Sutton.

Editions Alan Sutton - 8, rue du Docteur Ramon - BP 90600 - 37542 Saint-Cyr-sur-Loire Cedex

Première édition 1er trimestre 2008

ISBN 978-2-84910-782-9

ISSN 1355-5723

Dépôt légal : 1er trimestre 2008
Imprimé en Grande-Bretagne

Sommaire

Bibliographie

Ballot Marc, *Libourne, né de père inconnu*, Libourne, 1947.
Bardeau Claude, *Un ami regretté… l'ancien tramway du Libournais (1913-1949) de Saint-André-de-Cubzac à Libourne… et de Libourne à Puysseguin*, Bordeaux, 1998.
Boyer Florence, « Recherche sur l'urbanisme et l'architecture à Libourne au cours de la première moitié du XIXe siècle », DEA, université de Bordeaux III.
Bochaca Michel, Mouthon Fabrice, Mouthon-Sepeau Nathalie, *La Bastide de Libourne au lendemain de la guerre de Cent Ans, l'organisation de l'espace urbain*, Bordeaux, 1995.
Bonin Hubert (collaboration d'Alain Chaume pour les patrons du Libournais), *Les Patrons du Second Empire : Bordeaux et la Gironde*, Editions Picard et Cenomane, 1999.
Broussard Sabine, « Les outils de la mémoire, objets et collections privées à Saint-Emilion, dans *Vignes, vins et vignerons de Saint-Emilion et d'ailleurs*, MSHA, 2000.
Chaume Alain, « Libourne (1870-1914), essai d'histoire urbaine », TER, université de Bordeaux III, 1983.
Ducasse Bernard, *Libourne, deux siècles d'images*, Comité Culturel de Libourne, 1985.
Enjalbert Henri, *Les Grands Vins de Saint-Emilion, Pomerol, Fronsac*, Bardi, 1983.
Feret Edouard, *Bordeaux et ses vins*, 1922.
Ferret Michèle, *Les Casernes de Libourne*, 1997.
Freustié Jean, *Aux balcons du ciel*, Bernard Grasset éditeur, 1963.
Labayle Eric, « Le quinzième régiment de Dragons à Libourne. 1870-1914. Problèmes d'insertion d'un régiment de cavalerie dans une cité girondine », *Deputazione di Storia per d'Umbria Perugia*, Spoleto, 1988, Perugia, 1989.
Magnen René, *Noailles-Cavalerie 15e dragons*, éditions Delmas, 1953.
Prival Marc, *De la Montagne au vignoble, les Corréziens ambassadeurs des vins de Bordeaux (1870-1995)*, Institut d'études du Massif central, 1997.
Revue historique et archéologique du Libournais, publiée à Libourne depuis 1933.
Robin Christophe-Luc, Chaume Alain, *Dictionnaire des rues de Libourne*, Editions Sud-Ouest, 2004.
Robin (Christophe-Luc), *Les Hommes politiques du Libournais de Decazes à Luquot : parlementaires, conseillers généraux et d'arrondissement, maires de l'arrondissement de Libourne de 1800 à 1940*, L'Harmattan, 2007.

Remerciements

Nous remercions tout particulièrement Michel Lafitte, archiviste municipal de Libourne (AML), pour le prêt de plusieurs documents anciens complétant la collection rassemblée par Claude Pestaña. Nous exprimons aussi notre amicale reconnaissance à Christophe-Luc Robin, vice-président de la société historique et archéologique de Libourne et président de la Société d'histoire généalogique et patrimoniale de la Gironde, pour la lecture attentive du manuscrit de cet ouvrage, pour des conseils pertinents et le prêt de documents. Les lectures du manuscrit effectuées par René, mon frère, ont été aussi riches d'enseignements et utiles à l'élaboration de cet ouvrage. A tous, encore merci.

Introduction

En 1875, Pierre Larousse présente les fonctions et les activités de la ville de Libourne : « *Tribunaux de première instance et de commerce ; justice de paix ; collège communal ; bibliothèque publique ; consulat de Suède et Norvège. Fabrication d'étoffes de laine et d'objets d'équipements militaires ; tanneries, clouteries, corderies, fonderies, scierie mécanique ; chantiers de constructions navales. Commerce considérable de vins, eaux-de-vie, farines, bestiaux, fers, grains, fil, bois de merrain, etc.* » Il insiste aussi sur la place essentielle du négoce du vin et de la viticulture pour la ville : « *Libourne fait un très grand commerce des vins récoltés dans ses environs, vins qui sont en général bien inférieurs à ceux des vignobles de Bordeaux ; ils méritent cependant considération, car ils se répandent dans le commerce sous le nom de vins de Bordeaux. Les vignobles se divisent en trois principales côtes, à savoir : côte de Saint-Emilion à l'est, côte de Canon et côte de Fronsac au nord. Les vins de la côte de Canon sont très colorés, fermes et capiteux ; mais en vieillissant, ils acquièrent plus de finesse que ceux de Saint-Emilion.* » L'information de l'auteur semble influencée par des sources essentiellement bordelaises… Il ne tient pas compte de la révolution viticole entamée à Saint-Emilion et de l'indépendance de la place de négoce libournaise. Les vins du Libournais sont tellement médiocres, à en croire Pierre Larousse, qu'ils sont vendus sous le nom de vins de Bordeaux !

Au XIXe siècle, les communications sont largement facilitées. L'inauguration en 1824 du pont de Libourne sur la Dordogne permet des relations plus régulières avec Bordeaux. L'ouverture du pont suspendu sur l'Isle renforce les liens avec le nord-ouest du département. La gare, ouverte au trafic en 1852, devient rapidement importante. A la fin du siècle, elle est à l'origine du déclin du port symbolisé par la fermeture du bureau des douanes en 1908. De nouveaux édifices s'élèvent aussi à Libourne, avec la création d'un dépôt d'étalons départemental en 1819, aux dépens de Bordeaux, la construction d'un hôpital (1833-1835), d'un abattoir, l'agrandissement à nouveau de l'hôtel de ville en 1834. La ville poursuit des travaux d'urbanisme afin d'améliorer l'hygiène publique. Elle se dote du gaz d'éclairage en 1849, sur l'initiative de certains commerçants. Elle accueille le télégraphe dans les années 1860 et le téléphone dans la dernière décennie du siècle. En 1905, la municipalité construit des bains-douches. Elle inaugure en 1912 un nouvel hôpital, l'hôpital Sabatié, avec son hospice de vieillards et sa maternité. Cette politique municipale d'hygiène et de santé s'inscrit dans une tradition apparue au XVIIIe siècle et renoue avec la réputation de ville salubre que Libourne avait au Moyen Age et au XVIe siècle, puisque le grand Montaigne lui-même vante celle-ci. Le Parlement quitta à plusieurs reprises Bordeaux pour Libourne lors des épidémies…

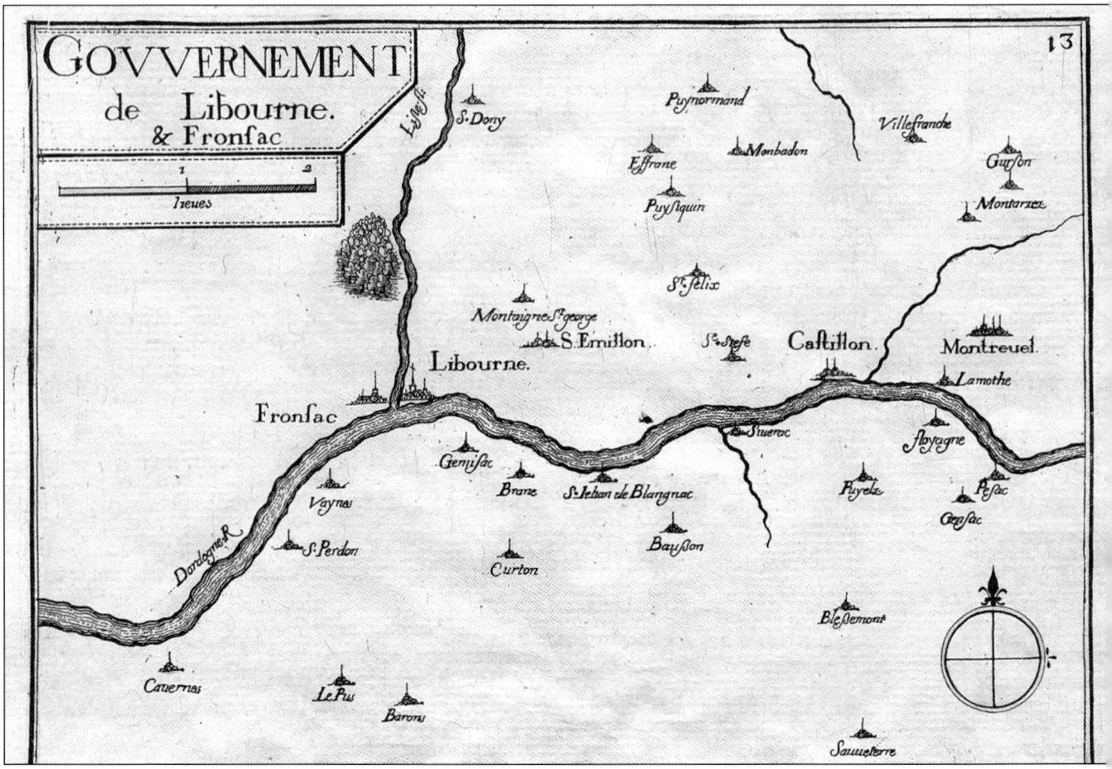

Carte de la région de Libourne dressée au XVIIe siècle. (AML)

La proximité relative de Bordeaux condamne Libourne à rester une ville moyenne. En 1789, les Libournais tentent bien, sans succès, d'obtenir la création d'un département dont leur ville serait le chef-lieu. Ils résument ainsi leurs arguments : « *Depuis que Bordeaux a une population de 100 000 âmes à cause des grands privilèges qu'elle avait acquis, elle étouffe entièrement Libourne ; elle l'éclipse de son ombre, la dévore, de manière que, si Libourne reste unie à ce département, jamais elle ne sortira de son obscurité, quoique la nature ait tout fait pour elle…* » Le mouvement d'accroissement de la population libournaise est pourtant régulier au XIXe siècle, et souvent proche de celui de la capitale régionale. L'évolution de la construction à Libourne se ralentit à partir de 1891, même si la municipalité de l'époque essaye de masquer cette réalité en gonflant les chiffres des constructions établies sur le territoire de la commune. *L'Indépendant libournais* s'étonne, le jeudi 6 avril 1911, de l'augmentation de 20 % du nombre des maisons depuis le recensement de 1906, soit 1 002 maisons de plus ! Le journaliste intitule son article, non sans humour, « Quand le bâtiment va… »

En 1911, Libourne est toujours, avec 20085 habitants, la seconde commune de la Gironde, devançant quatre communes de la banlieue bordelaise. Dans un jeu constant de déséquilibre, Libourne combat avec succès l'influence omnipotente de la capitale régionale proche, Bordeaux. La création en 1912 de la chambre de commerce de Libourne reste le symbole de cette résistance. L'évolution de la population de Libourne montre un autre aspect de la vitalité de la cité. Le recul des Libournais de souche dans la population totale de la ville, au profit des immigrants, reflète le maintien d'une zone d'influence libournaise, s'inscrivant dans une zone privilégiée d'immigration plus large. Libourne n'est pas qu'une étape vers la métropole bordelaise. Elle attire et fixe une partie des migrants originaires du département voisin de la Dordogne et d'autres plus lointains, parmi lesquels la Corrèze, qui donne d'abord à la ville des travailleurs du bois puis des négociants en vin dominant aujourd'hui le marché local et régional. Les Etablissements Jean-Pierre Moueix deviennent une des premières sociétés du négoce des vins du Sud-Ouest, éclipsant les Maisons bordelaises. Cette réussite est à mettre en rapport avec l'esprit d'entreprise des Corréziens et de leurs descendants libournais qui ont trouvé à Libourne les facteurs d'une réussite remarquable.

Maurice Genevoix, écrivain et secrétaire perpétuel de l'Académie française, nous laisse un témoignage touchant de son passage à Libourne, en 1911 : *« Je fus réveillé au matin par la lumière d'une belle journée d'automne ; par un concert, aussi de voix chantantes et libournaises. C'était entrer dans un monde attirant, à la fois familier et prometteur de découvertes. »* Maurice Genevoix, originaire du Val de Loire, insiste sur le charme, la douceur et l'exotisme de la région libournaise. Il garde en mémoire les excursions à travers la Gironde, l'amenant souvent à Libourne, pendant cette année de service militaire passée à Bordeaux en 1911-1912. Il se souvient agréablement de cette région où l'art du bien-vivre fut toujours à l'honneur. Les cuisinières du Libournais associent les grands vins de la région avec un animal aquatique sorti des âges reculés des temps préhistoriques, la lamproie. Jean Freustié (1914-1983), romancier et critique littéraire né à Libourne en 1914, donne à cet animal ses lettres de noblesse dans *Aux balcons du ciel*, un de

Plan de Libourne, extrait de la Topographiae Galliae *de Gaspard Merian, 1661. (AML) Ce cartographe a oublié de représenter le confluent, site naturel de la bastide ; la Dordogne suit ainsi anormalement le cours de l'Isle sur ce document établi dans la seconde moitié du XVIIe siècle.*

ses écrits autobiographiques : « *La lamproie attachée par les ouïes à un anneau de ficelle lui-même accroché à un clou avait la queue fendue par une incision très précise, et saignait au-dessus d'un bol, non sans quelques convulsions qu'on avait le mauvais goût de lui reprocher. Le sang devait être lié à l'onctueuse sauce au vin et aux poireaux que venait adoucir à la dernière minute un minuscule morceau de chocolat.* » Il décrit ainsi la cuisine de la lamproie, poisson mythique permettant en effet de magnifier les vins du Libournais, pomerol, saint-émilion, fronsac et autres vins de côtes, autour desquels Libourne a construit sa renommée…

« *Plus que d'autres les collectionneurs éprouvent la nostalgie d'un monde qui se défait et la nécessité, chacun à sa manière et à sa mesure, de sauver des bribes pour qu'elles en portent témoignage.* » Claude Pestaña illustre par sa collection de cartes postales l'analyse de l'ethnologue François Mathey. Collectionneur depuis une trentaine d'années, il poursuit une recherche sur ce passé enfoui à travers un document longtemps négligé par les sciences humaines, la photographie. L'âge d'or de la carte postale offre les images des années 1900. Les illustrateurs sont souvent des artistes, tels Henry Guillier ou un photographe universellement connu, Eugène Atget, né à Libourne le 12 février 1857 et dont la carrière parisienne a fait l'objet d'une grande rétrospective à la Bibliothèque nationale en 2007. Bernard Ducasse, ancien archiviste de la ville, a eu le mérite le premier de rassembler en 1985, dans un livre de qualité, *Libourne, deux siècles d'images*, ces témoignages du passé. Le présent ouvrage repose sur un choix effectué dans une seule collection. Analyses et commentaires cherchent à établir une évocation de la ville de Libourne autour de 1900 à travers les regards croisés d'un collectionneur et d'un historien.

1

Les rues et les places

Bastide anglaise fondée en 1270 par Roger de Leyburn, Libourne est une ville neuve tracée sur un plan régulier à partir du village de Fozéra, au confluent de l'Isle et de la Dordogne, participant au développement économique de la région. Le roi-duc a besoin d'une cité, afin de contrôler les flux commerciaux. La région et son arrière-pays profitent d'un bel essor. La ville de Bordeaux ne peut assurer à elle seule la maîtrise et le contrôle du commerce du nord de l'Aquitaine. La création d'une bastide s'impose. La bastide est alors une ville neuve, tracée sur un plan régulier orthogonal et fondée dans un but économique. Libourne, détruite au début du XIVe siècle, devient une cité fortifiée, cernée de puissantes murailles. Quelques pans du mur d'enceinte et la monumentale porte du Grand Port témoignent de ces fortifications chargées de protéger le négoce des vins, du blé, du sel, du drap, etc., florissant du fait de relations privilégiées avec l'Angleterre. La jurade et son maire assurent l'administration de la commune. Ils se réunissent jusqu'au XVe siècle au couvent des Cordeliers où les religieux conservent les chartes et papiers de la ville. La commune se dote alors d'un édifice civil accueillant la municipalité, les tribunaux et l'administration. L'hôtel de ville est le symbole des libertés accordées par le roi-duc et rassemblées à la même époque dans le Livre Velu, collection des chartes de la ville.

L'hôtel de ville conserve jusqu'aux années 1900 son aspect originel, malgré de nombreux travaux d'aménagement intérieur. Il domine la place centrale de la ville, entourée de couverts. Cette place était occupée jusqu'au XVIIIe siècle par une halle ; elle accueille toujours marchés et spectacles au siècle suivant.

Cette carte postale colorée d'Henry Guillier montre une expérience originale d'extincteur sur la place de l'Hôtel de Ville. Ce lieu central joue un rôle économique important. Les commerces occupent le rez-de-chaussée des maisons sous les couverts : épiceries, commerces de tissus, cafés, et même un grand magasin : Les Dames de France.

Le classement de l'hôtel de ville en 1908 sauve l'édifice d'une destruction certaine. Les Bordelais s'opposent alors au projet d'Abel Surchamp d'édifier un nouveau bâtiment à l'emplacement d'un monument du XVe siècle. Après cette mesure de protection, une réfection complète de l'édifice est entamée, s'accompagnant d'un agrandissement et d'ajouts à la façade, notamment un balcon. Le décor intérieur rappelle le style troubadour et l'éclectisme en vogue au XIXe siècle. L'inauguration de l'hôtel de ville restauré a lieu le 26 juillet 1914, en présence de Paul Raynaud, ministre des Colonies, de nombreuses autorités et d'une foule considérable.

54 LIBOURNE. — L'Hôtel de Ville. — La salle du Conseil

La salle du conseil constitue la pièce la plus symbolique du pouvoir municipal. Cette carte postale nous la présente après la restauration de l'hôtel de ville. Le décor et le mobilier illustrent le goût d'un passé revisité selon le style troubadour cher aux notables de province.

(1854) LIBOURNE. — UN COIN DES ARCEAUX (XVIe SIÈCLE, COTÉ DE L'HOTEL-DE-VILLE)

Les arceaux ou couverts représentent une des caractéristiques de la place centrale de la bastide de Libourne. Ces passages couverts, édifiés du XVIe au XIXe siècle, supportent de superbes maisons des XVIIe et XVIIIe siècles, dont certaines possèdent de très beaux balcons en fer forgé. Cet ensemble explique le classement de la place par les Monuments historiques.

29. LIBOURNE - La Place de l'Hôtel de Ville - Le Marché - BR - 4029

28. LIBOURNE - Place de l'Hôtel de Ville - Le Marché - BR - 4028

Le marché fait se rencontrer urbains et ruraux trois fois par semaine. Les maraîchers de la banlieue, mais aussi de Saint-Emilion et d'autres communes limitrophes, apportent leur production de légumes et de fruits, les poulaillers fournissant la volaille. Les exploitations agricoles situées dans les palus sur l'Isle et la Dordogne pratiquent l'élevage laitier, associé à une polyculture très diverse où la vigne est prépondérante. Le lait est un produit essentiel, particulièrement surveillé par les autorités afin d'éviter les fraudes. Le marché génère une animation et une vie intenses dans le centre-ville. Carrioles et habits nous ramènent dans un monde étrange et familier, le marché de Libourne.

La rue Gambetta est par excellence l'artère commerçante de la ville. Aujourd'hui devenue piétonne, elle rassemble en 1900 des commerces très variés et un habitat bourgeois, à l'image des rues desservant la place de l'Hôtel de Ville. Elle possède dans sa partie haute un très bel hôtel particulier construit en 1775 par l'architecte du Grand Théâtre de Bordeaux, Victor Louis. Cet immeuble abrite pendant plus d'un siècle la succursale de la Banque de France, fermée en juillet 2005. Bureau auxiliaire en 1883, le siège de la Banque de France devient succursale en 1897, affirmation du rôle de Libourne comme place commerciale face à Bordeaux.

« Quand c'était le vendredi j'allais échanger l'un ou l'autre billet d'abord chez la marchande de beignets et de merveilles en face du tailleur Au Bon Bougre [Au Bon Diable], *puis à la librairie voisine d'où je ressortais avec le* Petit Illustré *et une* Histoire complète, *livraison hebdomadaire à couverture rose, brochée, d'environ trente pages »*, se souvient l'écrivain Jean Freustié dans son ouvrage *Aux balcons du ciel*, publié en 1963.

Les commerces de denrées coloniales montrent une ouverture vers l'outre-mer. Le port de Bordeaux et ses grossistes fournissent la région en produits exotiques. Le haut de la rue Gambetta accueille un petit marché à la ferraille. La récupération constitue un des modes de vie de ces temps anciens.

La rue Thiers est une des plus anciennes voies de la cité. Grande rue de Saint-Emilion dans le terrier de 1459, elle change plusieurs fois de nom. Commerçante dans sa partie proche de la place, elle groupe les trois formes de pouvoirs : l'hôtel de ville (pouvoir politique), le tribunal (pouvoir judiciaire), la sous-préfecture (pouvoir administratif). Elle présente plusieurs hôtels particuliers et maisons bourgeoises, dont la belle bâtisse élevée par Hector Robin entre 1888 et 1890 et offerte à la ville en 1949 afin d'y établir un musée. A côté, l'ancienne maison du pyrénéiste Henri Brulle comporte une plaque commémorative en l'honneur de ce pionnier des ascensions en montagne et bienfaiteur de la ville.

La sous-préfecture offre, depuis son édification en 1840, un siège digne de l'administration centrale. Sa proximité avec l'hôtel de ville montre le désir certain de contrôler un pouvoir local pourtant déjà surveillé étroitement par la préfecture et les bureaux des ministères. La démocratie se met très lentement en place au cours du XIXe siècle.

Les vestiges du Moyen Age sont fort peu nombreux à Libourne au début de la Troisième République. La prospérité de la ville et la vétusté de certaines constructions ont accéléré la disparition de ces témoins du passé. Cette maison contemporaine de la guerre de Cent Ans disparaît avant la première guerre mondiale.

La rue Saint-Jean, aujourd'hui rue Jules Simon, témoigne du parcellaire ancien et de la voirie du village de Fozéra développé autour de l'église Saint-Jean-de-Fozéra. Un document du XIIe siècle concernant le monastère de Saint-Emilion atteste l'existence de cette communauté dépendante. La largeur des rues et leur aspect non rectiligne contrastent avec les rues à angle droit et d'une belle largeur de la bastide. Le clocher de l'église est un ajout datant de la monarchie de Juillet. L'électrification de la ville n'a lieu qu'après la première guerre mondiale, concurrencée par l'éclairage au gaz mis en place à partir des années 1840.

La place Decazes éclipse par son dynamisme les activités de la place de la Mairie. Elle concentre cafés et hôtels et offre un espace suffisant pour accueillir les foires annuelles et leurs attractions. Les allées de la République et les allées Tourny présentent de belles promenades pour les soirs d'été.

A une autre échelle, la place Decazes représente pour les Libournais leur place des Quinconces. La présence de cette voiture d'un autre temps et d'un lampadaire accentue l'impression de vide et d'immensité de la place. La chaleur estivale chasse traditionnellement les Libournais de leur ville.

La place des Haras devient en 1860 la place Decazes, en hommage au plus illustre des Libournais, Elie (1780-1860), premier duc Decazes. Ministre de Louis XVIII, ambassadeur et grand référendaire de la Chambre des pairs de 1834 à 1849, il comble de faveurs la ville de Libourne : le pont sur la Dordogne, le musée et le haras.

Le haras (à gauche), créé en 1819, compte 39 étalons en 1876. Les Libournais possèdent plus de 600 chevaux en 1872, sans compter les 800 bêtes du régiment de cavalerie et les 40 du haras. Le carmel (à droite), fondé en 1840 par l'abbé Charrier, curé de Saint-Jean-Baptiste, s'inscrit dans les efforts de reconquête catholique menés à cette époque. L'ouverture d'un tel établissement provoque un sérieux débat à Libourne.

Les courtiers en vins font preuve d'une politique commerciale dynamique. Georges Lablégnie, courtier installé place Decazes, publie chez l'imprimeur Emile Guillier un ouvrage de 80 pages environ sur le vignoble libournais destiné à ses clients. Il présente ses conditions d'achat en français et en allemand. Nous sommes alors en 1912…

Le café de l'Orient, créé en 1861 par Pierre Blaizac, apparaît très vite comme l'établissement le plus huppé de la ville. Cercle, concerts, salle de sport et cinématographe animent ce lieu convivial. Adulte, Jean Freustié évoque les instants magiques passés avec son grand-père, au côté des grandes personnes dans ce café, *« paquebot illuminé, bruissant d'incroyables fêtes »*.

La foire de la Saint-Martin se déroule le 11 novembre sur la place Decazes, les allées de la République et le champ de foire. La foire aux plaisirs anime les deux premiers lieux. Le manège pour les enfants et les nombreuses cabanes offrent aux Libournais et aux habitants de la campagne un événement festif de grande ampleur.

Photographie prise en 1918 par un soldat américain : « *La place Fernand-Siméon* [place Decazes] *où les soldats américains entretenaient un vaste camp avec des tentes, des camions, des baraques en bois, un vrai cirque autour duquel ils jouaient au base-ball. Parfois ils nous donnaient de la gomme à mâcher que nous appelions "chien-chien-gomme". Ces grands gaillards, en chapeaux de cow-boys et guêtres montantes, nous fascinaient* ». (Jean Freustié, *Aux balcons du ciel.*)

La rue Chanzy relie la gare et la place Decazes. Elle compte plusieurs hôtels, dont le plus célèbre est l'hôtel Loubat qui appartient à la famille de Marcel Loubat, maire de Libourne dans les années 1930. Le café Richelieu, principal concurrent du café de l'Orient, se situe en face de celui-ci.

La place de la Verrerie forme un pôle secondaire de l'activité commerciale, au débouché de la rue Président Carnot. Cette dernière appartient aux voies tracées de façon rectiligne lors de la création de la bastide. La monumentale porte de Guîtres a disparu au début du XIXe siècle.

La verrerie et la faïencerie offrent une remarquable perspective architecturale à partir de la seconde moitié du XVIIIe siècle. Le vide de la place contraste avec la foule des jours de foire. Un des nombreux chais de négociants en vins situé dans le quartier des Fontaines apparaît à l'entrée de la route de Paris, à l'arrière-plan.

La foire de la Saint-Martin représente un des temps forts de l'activité commerciale dans la ville et sa région au début du XXe siècle. Le marché aux bestiaux et la vente des vins éclipsent les autres transactions commerciales. La place de la Verrerie se transforme en un véritable caravansérail lors de cette foire.

Les artères des nouveaux quartiers de Libourne s'ouvrent largement vers la campagne. Le quartier Saint-Ferdinand occupe la première place dans le développement des faubourgs autour de la bastide à partir du début du XIXe siècle. L'établissement d'une nouvelle paroisse et la construction de l'église Saint-Ferdinand montrent l'essor de la ville durant ce siècle.

Les allées de la République marquent la limite entre la bastide et le quartier Saint-Ferdinand. A l'instigation de l'intendant Tourny, les anciens fossés ont été comblés et aménagés en promenades arborées. Jusqu'en 1858, les allées d'Orléans recevaient le marché aux bestiaux, avec toutes les gênes pour les riverains.

Le quartier de la Gare représente un autre des faubourgs en développement. L'établissement du chemin de fer dès 1852 donne naissance à un quartier d'échoppes à la population essentiellement ouvrière. Le boulevard de la Gare offre une belle perspective délimitant le quartier de l'Epinette, en voie de densification autour du jardin et de l'église du même nom.

La route de Bordeaux reste une voie importante mais différente de son état actuel ! Le trafic routier repose sur des voitures à chevaux pour les hommes et pour les marchandises. La tentative des chars à vapeur de Dietz a été un échec sous la monarchie de Juillet. La voie ferrée triomphe dès les années 1850.

2

Les bâtiments publics et les monuments disparus

Le Lion de Constant est connu de tous les Libournais au début du XXe siècle. Fièrement dressé dans le square du 15e Dragons, il est l'œuvre d'Amédée Constant (1839-1880), fils d'un négociant en vins et propriétaire libournais. Ce plâtre imposant a été détruit en 1921 par un jardinier maladroit ! Cette œuvre représente un lion emportant une femme. Il en reste une maquette conservée au musée Robin. L'influence romantique et l'orientalisme triomphant marquent grandement le style d'Amédée Constant. Comme le peintre René Princeteau, cet artiste appartient à la grande bourgeoisie libournaise dont la fortune repose sur la propriété terrienne et le négoce des vins. Au second plan, la statue en bronze d'Oscar de Géreaux domine majestueusement la place des Casernes. Absente de ce document, la statue de Michel de Montaigne s'élève aussi dans le jardin public qui entoure le square de verdure. Ces trois statues illustrent la « statuomanie » de la Troisième République. L'enjeu politique de la dénomination des rues apparaît très vif à la même époque. A Libourne, l'anticléricalisme militant et sectaire de la municipalité d'Abel Surchamp conduit en 1906 à débaptiser les rues qui rendent hommage à un saint. Quinze voies sont rebaptisées de manière très laïque... à la gloire de la République : Guadet, Vergniaud, Hoche, Kléber, Blanqui, Jules Favre, Jules Simon, Pasteur, Largeteau, Paul Bert, Roudier, Waldeck-Rousseau et Clément Thomas dont le nom est donné à l'ancienne rue Saint-Thomas !

Le couvent des Cordeliers subsiste dans un pan de mur de l'ancienne chapelle Sainte-Cécile, sauvé des destructions du début des années 1960. Edouard Ier, miraculeusement épargné par la foudre, fonde le 20 juin 1287 ce très vaste couvent franciscain. L'église Sainte-Cécile est longue de 50 mètres et large de 15. Au nord-est de l'église s'étend un cloître sur une vingtaine de mètres. Les frères sont chassés au moment de la Révolution.

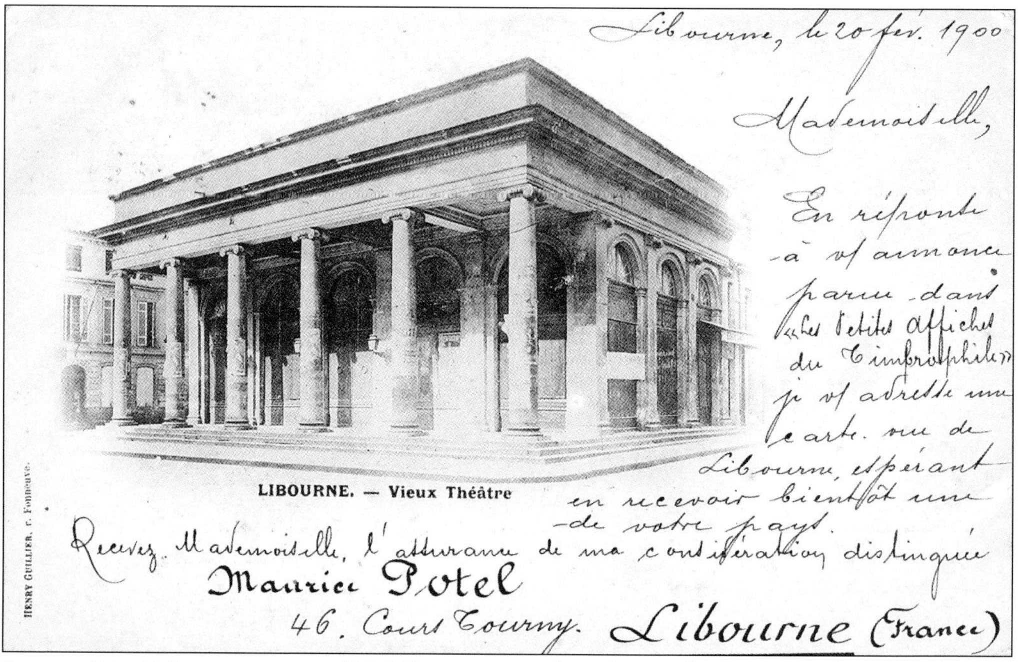

La municipalité convertit en 1806 l'ancienne église Saint-Thomas en salle de spectacle. En 1814, l'architecte Roux embellit cette salle de spectacle par une entrée monumentale formée d'un péristyle à six colonnes d'ordre ionique. La municipalité doit se résoudre à la destruction du bâtiment à la fin du XIXe siècle.

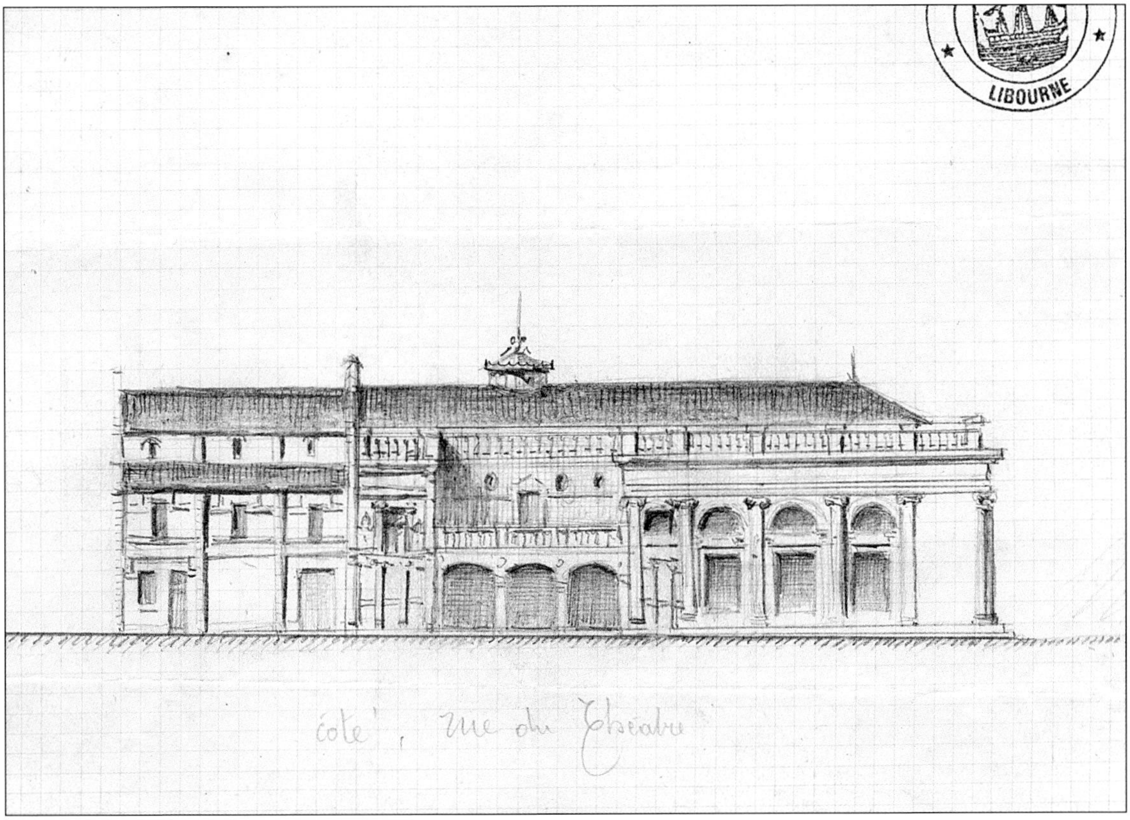

Ce dessin reste la seule représentation de la façade latérale du théâtre (AML). Dans la première moitié du XIXe siècle, il connaît petites misères et heures de gloire. La venue de Talma ou de Liszt montre l'importance de la deuxième ville d'Aquitaine. Il ne faut pas dissimuler les difficultés de certaines troupes se produisant ici, même si les Libournais montrent un réel attachement au spectacle. Ce goût a pu faiblir, du fait de la concurrence d'autres formes de loisirs telles que le cirque, les cercles ou même déjà l'habitude pour certains Libournais de fréquenter les lieux de plaisir de la capitale girondine.

Les édiles engagent la construction d'un marché couvert à la place du théâtre. Une architecture métallique s'élève ainsi en 1900 en ce lieu voisin des rues les plus commerçantes. Ce monument fonctionnel illustre les travaux de Gustave Eiffel, Girondin d'adoption et propriétaire à Salleboeuf, entre Libourne et Bordeaux. Dans les années 1970, il laisse la place à un ensemble marché couvert-salle des fêtes correspondant aux normes actuelles.

La statue en bronze du duc Decazes, inaugurée le 2 mars 1865, disparaît lors de l'occupation allemande afin de répondre aux besoins en métaux non ferreux. Cette statue était l'œuvre du sculpteur Jaley (1802-1866), prix de Rome et membre de l'Institut. Elle a été remplacée (et déplacée) en 1951 par l'actuelle, réalisée par Maxime Real del Sarte. A l'arrière-plan, le haras détruit après la seconde guerre mondiale laisse place au lycée à la fin des années 1950.

Le sanctuaire d'origine de l'église Saint-Jean était connu dès le XIe siècle sous le nom de Saint-Jean-de-Fozéra. Cette église fut donnée au monastère de Saint-Emilion en 1110. Elle n'avait qu'une nef d'environ 20 mètres de long sur 7 de large et fut agrandie au début du XVe siècle, dans le style gothique, en ajoutant deux doubles bas-côtés et en portant le chevet à 23 mètres plus à l'est. Les petites nefs furent divisées en sept travées par des murailles devant correspondre aux piliers projetés et destinés à servir d'appui aux arcades des voûtes des nefs moyennes. L'église fut alors dédiée à saint Jean-Baptiste. Les murs qui séparaient les chapelles ont été percés de portes en ogive afin de faire des galeries. Ces galeries étaient achevées au commencement de 1838. Les fenêtres du chœur, jusqu'alors murées, ont été rouvertes en 1845 pour placer des vitraux. Ils rappellent les principaux épisodes de la vie de saint Jean-Baptiste. Leur auteur est de Nozan qui a peint ceux de Saint-Germain-l'Auxerrois. La même année, l'autel fut remplacé par celui que nous voyons aujourd'hui, et béni le 18 mars 1845. Le clocher actuel a été construit de 1855 à 1859. L'église Saint-Jean possède depuis 1609 une relique de la sainte Epine.

Dans l'entre-deux-guerres, Perboyre, photographe installé rue Jules Ferry, réalise cette photographie d'une cérémonie au carmel de Libourne. Cette chapelle est un édifice à nef unique, décorée d'un faux plafond, terminée au nord-est par une abside ; de chaque côté du chœur s'ouvre une chapelle. Les cinq dernières religieuses quittent ce couvent en 1972. Les bâtiments sont alors démolis, à l'exception de la chapelle transformée en centre culturel.

L'hôpital Louis-Philippe est créé sur l'emplacement d'un couvent de Récollets fondé par le cardinal de Sourdis en 1610. Il remplace l'hôpital Saint-James en 1835, avant de laisser place à l'hôpital Etienne Sabatié en 1908. Il reprend du service comme hôpital temporaire durant la Grande Guerre.

Le 13 septembre 1914, le poète bordelais Jean de La Ville de Mirmont, incorporé à Libourne au 139e territorial, décrit ses impressions : « *Libourne n'est pas un endroit désagréable et j'ai été heureux de retrouver l'affabilité des Girondins. On raconte dans les cafés autant d'absurdités qu'à Paris, mais, sur un ton moins définitif et moins autorisé.* »

L'inauguration du nouveau siège de la Caisse d'épargne de Libourne en 1908 montre la prospérité de la ville et d'une institution créée dès 1835. Le bâtiment illustre l'architecture et les décors en vogue sous la Troisième République. Avec la succursale de la Banque de France, les multiples succursales des banques nationales et le puissant Crédit agricole du Libournais, la ville occupe une position de premier ordre dans le domaine financier, derrière la métropole bordelaise. La poste a un rôle essentiel de communication avec le courrier, le transport des colis, le télégraphe et le téléphone. Il y a moins de 5 % des foyers équipés du téléphone en 1914, celui-ci étant avant tout à usage commercial. Il concerne alors seulement une cinquantaine de communes sur les 180 aujourd'hui gérées par le centre principal d'exploitation de Libourne.

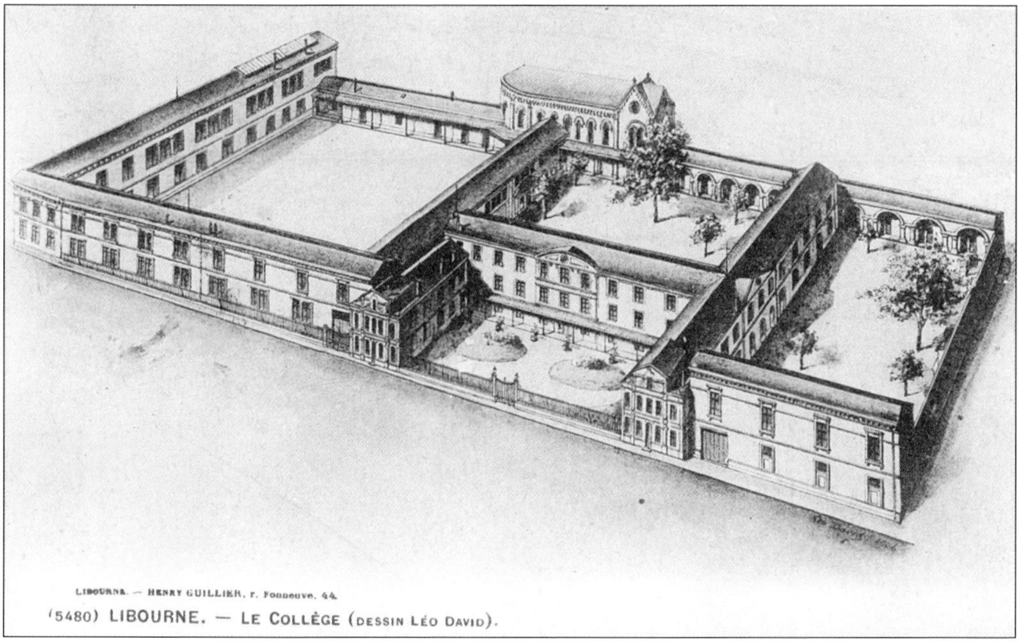

Ancien couvent, le collège est agrandi en 1877 par la ville. Professeur dans cet établissement, Léo David est un artiste talentueux et passionné d'histoire locale. Il se dévoue pendant la première guerre mondiale, accueillant des jeunes réfugiés serbes et aidant les blessés rapatriés à Libourne. Aujourd'hui, la statue de Michel de Montaigne s'élève devant l'établissement récemment baptisé collège Eugène Atget. Le nom de l'auteur des *Essais* semble familier aux Libournais. Il naît non loin de là, au château de Montaigne en Périgord. Dans son *Journal du voyage en Italie*, Michel de Montaigne compare à trois reprises des villes-étapes à Libourne. Il semble que Bernard de Cazalis, son beau-frère, possède encore en 1585 la maison de ses aïeux à Libourne. La médiathèque Condorcet, bibliothèque de la ville, conserve trois ouvrages ayant appartenu à la « librairie » de Montaigne.

Le kiosque du jardin public constitue un embellissement certain pour la place des Casernes. Il accueille la Musique du régiment et les formations libournaises, pour la plus grande joie d'une population tout acquise. Il est fréquenté par les soldats du 15e dragons qui lui donne son nom quelques années plus tard.

En 1900, le square résonne des prestations pleines d'entrain du chef d'orchestre libournais Louis Ganne. Né en 1872, il appartient à une véritable génération musicale. Il dirige à nouveau en 1901 l'orchestre animant le bal de la Pentecôte et est l'auteur de nombreuses chansons populaires, *Le Père la Victoire* et *La Marche lorraine*, et de musiques de danse, dont *La Gauloise*, une mazurka.

La statue du capitaine Oscar de Géreaux se dresse au bout du cours Tourny afin d'honorer la mémoire d'un enfant du Libournais, mort lors des combats de Sidi Brahim contre le célèbre cheik Abd el-Kader en 1845. Le 6 février 1895, le Comité pour le monument au capitaine de Géreaux lance une souscription. Le vice-président, Hector Robin, mène cette entreprise à son terme, non sans difficultés occasionnées par la municipalité. Le 26 août 1900, la statue du sculpteur Granet est inaugurée en présence de nombreuses personnalités. Ce magnifique bronze de 3 mètres de hauteur disparaît, enlevé par l'occupant nazi. Les Libournais le remplacent après la guerre par la statue actuelle. L'hôpital Sabatié, inauguré en 1912 route de Montagne, devient le nouvel hôpital de la ville. Il est construit en partie grâce au legs d'Etienne Sabatié, un Libournais ayant fait fortune en Californie.

45. LIBOURNE. — Statue du Capitaine Oscar de Géreaux.

33. Libourne — Le Nouvel Hôpital-Hospice
Fondation - Legs Sabatié (Côté Nord du Bâtiment principal)

Sur un terrain situé à l'extrémité nord de la route de Lyon, Tessier, un Bordelais, aménage en 1858 un champ de foire à ses frais, moyennant un droit perçu sur chaque tête d'animal. Le nouveau champ de foire répond mieux aux besoins des éleveurs, des maquignons et des Libournais.

A Condat, le lavoir de la Font-Moreau attire les lavandières de ce faubourg encore rural de la ville. Le nom de ce lieu a une origine gauloise. Le terme *kendaten* signifie confluent. Des historiens locaux ont voulu y voir, de façon tout à fait erronée, le Condat évoqué par le poète latin Ausone.

Le quartier de l'Epinette constitue un des faubourgs de la ville en transformation. En 1900, il est principalement constitué de terres en vigne ou destinées au maraîchage et se construit au-delà de la voie de chemin de fer, autour de l'église et du parc. L'ancienne chapelle est attestée au XVe siècle. Elle possédait une relique de la sainte Epine, transportée à l'église Saint-Thomas puis en 1609 à l'église Saint-Jean, et abrita des célébrations jusqu'à la Révolution. Devenue propriété privée, elle est donnée au curé de Saint-Ferdinand, l'abbé Gabard. Petite et vétuste, elle est reconstruite et bénie par le cardinal Donnet le 11 septembre 1875. Le jardin de l'Epinette appartenait avant 1905 à la congrégation enseignante des sœurs de la Réunion au Sacré-Coeur de Jésus qui habitaient dans l'immeuble de l'actuel lycée privé Montesquieu, rue Jules Simon. La loi de séparation des Eglises et de l'Etat amène les religieuses à vendre cette propriété à la commune le 7 juillet 1905. La municipalité aménage ce parc qui devient l'une des promenades favorites des Libournais.

Autour de son étang, le parc de l'Epinette offre enfin aux habitants un jardin public comparable à ceux de Bordeaux ! Les Libournais se promenaient jusqu'alors sur les quais et les allées arborées. Le jardin public installé sur la place des Casernes restait bien petit pour une ville atteignant 20 000 habitants en 1911 !

Le 2 mai 1897, les Libournais avaient pu admirer au vélodrome, route de Paris, le grand Buffalo Bill ! Aménagé route de Lyon dès 1908, l'hippodrome de Cantereau attire les amateurs de courses et de paris lors de festivités à Pâques et à la Pentecôte.

3

Les commerces et les moyens de transport terrestres

Le négoce du vin domine largement l'économie libournaise et Bordeaux néglige ce qui se fait à Saint-Emilion et à Fronsac. Henri Enjalbert a montré l'importance et la particularité du négoce en vins à Libourne aux XVIIIe et XIXe siècles. A partir du Second Empire, il connaît une période faste. Les notables de Libourne et de Saint-Emilion sont alors des agents actifs aux côtés des négociants. Ils développent ensemble une politique originale de vente directe en France et en Belgique. La différence entre ces deux groupes reste cependant souvent ténue au sein d'une société encore largement dominée par l'importance de la propriété terrienne et par un produit emblématique : le vin. Les Libournais arrivent aussi à conquérir le marché parisien longtemps réservé aux viticulteurs du nord et de l'est de la France. Le négoce du vin emploie directement 464 personnes à Libourne au milieu du XIXe siècle. Il représente la principale activité de la ville, regroupant 94 négociants, 19 commis-négociants et 5 courtiers pour le secteur commercial, et 24 maîtres de chais ainsi que 322 tonneliers pour la partie technique. Les négociants représentent plus des trois-quarts des hommes d'affaires libournais. Libourne est bien une ville du négoce du vin, exploitant son arrière-pays et en relation avec la région, l'espace national ainsi que la Grande-Bretagne et les pays du nord de l'Europe.

La place de l'Hôtel de Ville accueille les marchés. Elle possédait une halle détruite vers 1770. A la fin du XIXe siècle, la construction d'un marché couvert montre l'importance de cette activité présente dès la création de la bastide. La fondation de Libourne s'explique par la volonté du roi-duc d'établir en 1270 une ville-marché au confluent de l'Isle et de la Dordogne. (AML)

Le négoce du vin connaît une concentration dans les mains d'un nombre réduit de personnes. Les négociants en vins, au nombre de 133 en 1872, ne sont plus que 57 en 1911. Les courtiers et commissionnaires, intermédiaires privilégiés entre les propriétaires-viticulteurs et les négociants, en revanche, ont vu leur effectif tripler, passant d'une dizaine à une trentaine. Il y a un développement des intermédiaires entre négociants et propriétaires. La place du négoce du vin dans l'économie demeure primordiale à la veille du premier conflit mondial. Dans le secteur du commerce, nous devons souligner l'importance de deux faits au début de la Troisième République. Tout d'abord une baisse de 40 % de l'effectif des négociants en vins entre 1870 et 1914, parallèle à une augmentation du nombre des autres négociants de l'ordre de 245 %. L'autre fait s'accompagne d'un développement remarquable des commerces d'alimentation, et singulièrement de la petite épicerie de quartier tenue par des femmes. Les biens de consommation connaissent une diversification certaine mais la création de nouveaux fonds de commerce ne vient que compenser la disparition d'anciens. L'activité commerciale reste encore largement tributaire des marchés bi-hebdomadaires ainsi que des foires mensuelles marquées par celles de printemps (Rameaux) et d'automne (Saint-Martin).

Prosper Hess utilise dans les années 1900 la carte postale comme moyen publicitaire. Il imprime durant plusieurs années des cartes de vœux illustrées. La barrique reste alors le symbole du vin. Elle sert de moyen de transport pour les vins vers des destinations proches ou lointaines.

Les tonneliers, omniprésents dans la ville, sont au nombre de 322 en 1856, de 429 en 1872 et de 563 en 1891. Le tournant du siècle voit une diminution de leur effectif: 443 en 1911… et plus que 202 en 1931 ; aujourd'hui ils sont à peine une dizaine. Ce passé explique la présence d'une rue des Tonneliers, située à l'arrière des chais des négociants donnant sur la Dordogne.

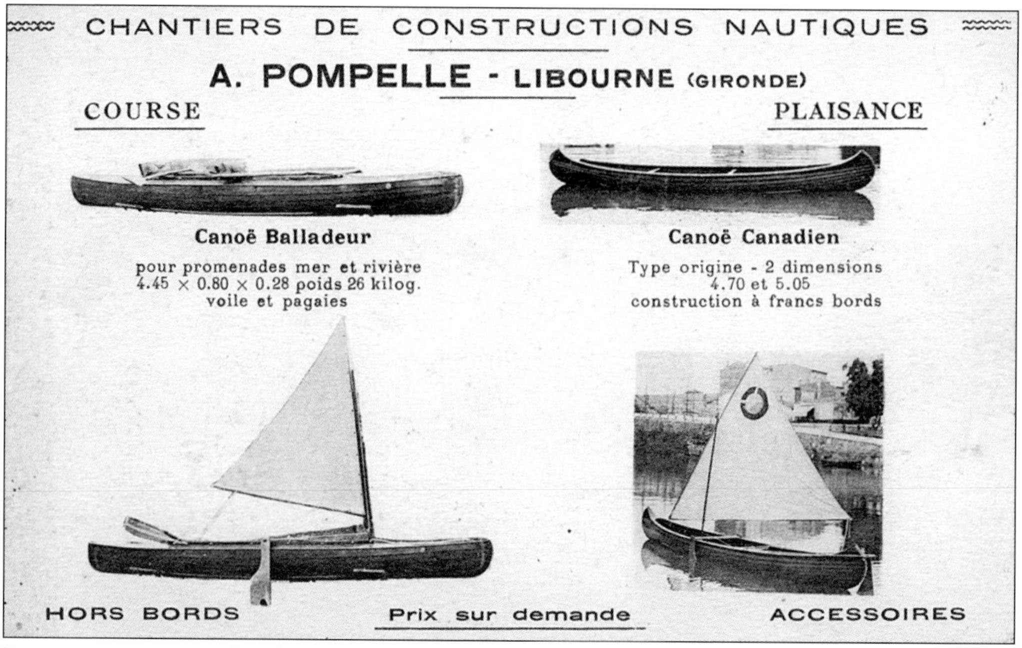

La construction navale a longtemps représenté à Libourne une activité prospère. Au début du XXe siècle, elle disparaît, laissant place à une construction artisanale de bateaux de pêche et aux chantiers de constructions nautiques de A. Pompelle. Libourne compte depuis 1876 une association sportive de renom, le Club nautique de Libourne.

Depuis la fin du XIXe siècle, ce magasin a peu changé. Il fournit outils, vannerie, chaises, fauteuils, ainsi que les produits indispensables au vignoble et aux chais. La Maison Mabille est la plus importante de la place, située au bas de la rue Victor Hugo, près des berges de l'Isle.

Le ciment devient, à la fin du XIXe siècle, un matériau concurrent de la pierre. L'entreprise de Raymond Chaumeil emploie déjà plusieurs dizaines d'ouvriers sur ses chantiers de construction et de travaux publics. Les Rocherol représentent une famille libournaise d'entrepreneurs, issue de l'artisanat. Maçon, tailleur de pierre, appareilleur, entrepreneur de bâtisses, de travaux publics, architecte-entrepreneur et ingénieur agronome : la liste des professions exercées par les membres de cette dynastie de patrons, de la fin du XVIIIe siècle au début du XXe siècle, est longue.
Ils participent notamment à la construction du pont sur la Dordogne, à celle des cent arches permettant au chemin de fer de franchir la zone inondable d'Arveyres et de très nombreux chais en ciment armé.
L'entreprise Graziana illustre l'arrivée des maçons italiens et l'adaptation des techniques les plus modernes pour répondre aux besoins de l'agriculture.

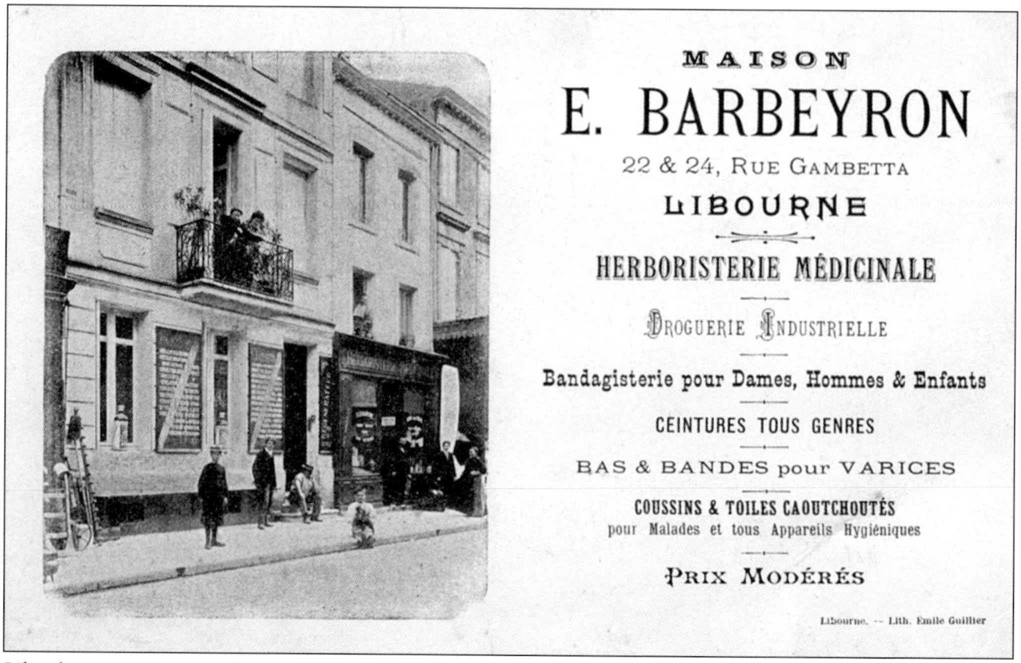

L'herboristerie constitue une concurrence certaine de la pharmacie. La Maison Barbeyron, située dans la principale rue commerçante, offre la pharmacopée traditionnelle, les bandages de contention, les appareils d'hygiène, etc. Elle fait aussi office de droguerie.

Libourne possède de nombreux commerces de tissus. Certaines Maisons emploient plusieurs représentants qui parcourent alors l'ouest de la France pour écouler leurs marchandises. La Maison Fortin et Masse est l'une d'entre elles. La plus grande partie de ces commerces occupent des immeubles sur la place de l'Hôtel de Ville et dans les rues proches.

Aux 100 000 Paletots est un des commerces offrant aux Libournais ainsi qu'aux habitants de la région du sur-mesure et de la confection. Situé rue Gambetta, le magasin de monsieur Bézy profite de l'activité de cette rue, principale voie commerciale de la bastide.

Les Galeries du Comptoir sont un bazar installé à l'emplacement des actuelles Nouvelles Galeries. Le 19 juin 1904, un terrible incendie détruisit ce magasin. Bernard Ducasse signale que la banque voisine échappa au sinistre grâce à ses propres moyens de défense contre le feu. (AML)

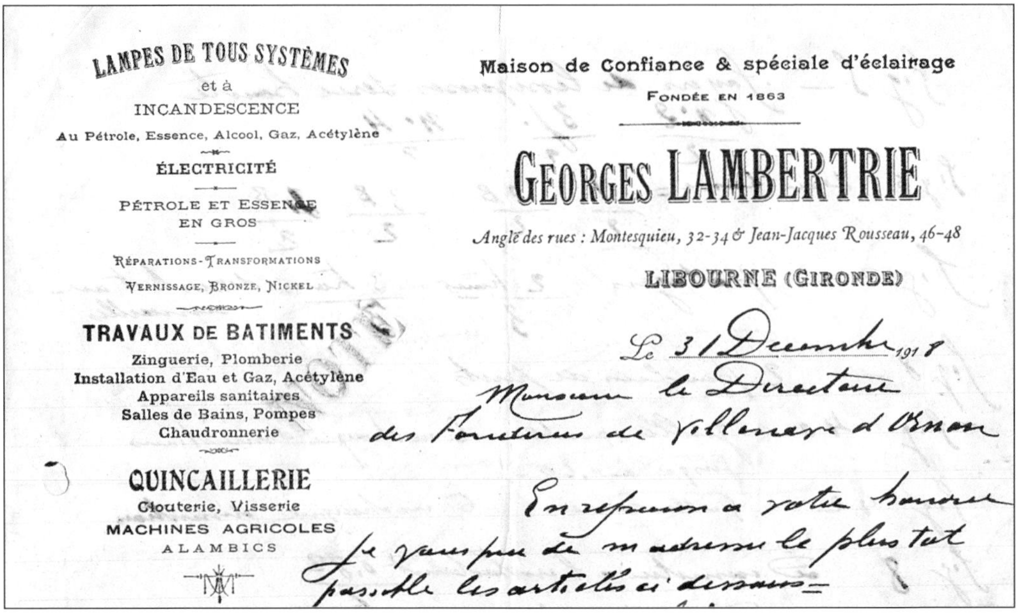
LAMPES DE TOUS SYSTÈMES
et à
INCANDESCENCE
Au Pétrole, Essence, Alcool, Gaz, Acétylène
ÉLECTRICITÉ
PÉTROLE ET ESSENCE
EN GROS
RÉPARATIONS-TRANSFORMATIONS
VERNISSAGE, BRONZE, NICKEL
TRAVAUX DE BATIMENTS
Zinguerie, Plomberie
Installation d'Eau et Gaz, Acétylène
Appareils sanitaires
Salles de Bains, Pompes
Chaudronnerie
QUINCAILLERIE
Clouterie, Visserie
MACHINES AGRICOLES
ALAMBICS

Maison de Confiance & spéciale d'éclairage
FONDÉE EN 1863
GEORGES LAMBERTRIE
Angle des rues : Montesquieu, 32-34 & Jean-Jacques Rousseau, 46-48
LIBOURNE (GIRONDE)

Le 31 Décembre 1918
Monsieur le Directeur
des Fonderies de Villenave d'Ornon
En réponse à votre honorée
je vous prie de m'adresser le plus tôt
possible les articles ci-dessous

Cette facture à en-tête de la Maison Georges Lambertrie illustre le caractère diversifié de l'activité de nombreux commerces libournais. Caractéristique au XIXe siècle, l'absence de spécialisation demeure jusque dans l'entre-deux-guerres. (AML)

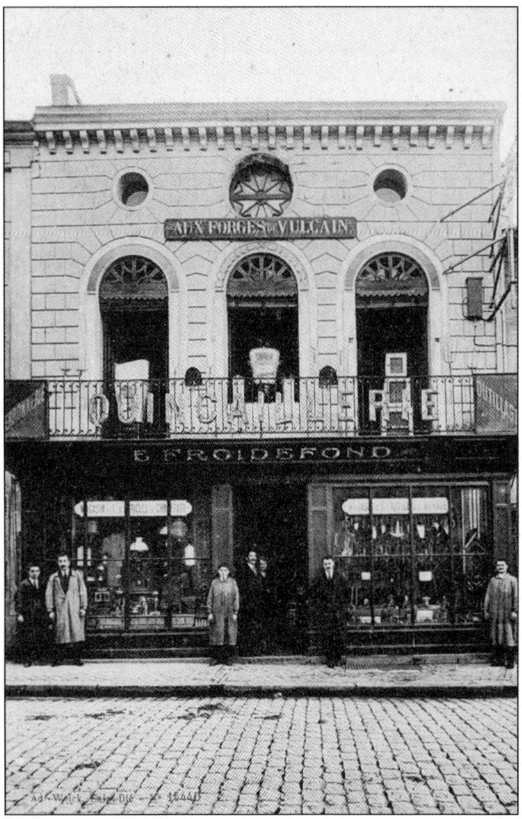

Aux Forges de Vulcain, magasin de la rue Montesquieu appartenant à E. Froidefond, est un des concurrents de Lambertrie. Cet établissement occupe une ancienne salle de spectacle, le Vauxhall, en activité durant la monarchie de Juillet. (AML)

La droguerie Bourru présente une vitrine digne d'une bijouterie ou du commerce d'une grande ville. L'art de l'étalage change les pratiques commerciales. Certains innovent, à la recherche de tous les moyens pour développer leur clientèle. L. Bernezat, successeur de monsieur Bourru, semble à l'origine d'une telle politique, faisant même imprimer cette carte publicitaire représentant sa droguerie située au bas de la rue Gambetta. L'atelier de joaillerie artistique semble bien pauvre à côté… Libourne possède plusieurs bijouteries. La richesse de la ville et de sa région favorise ce type d'activité car la bourgeoisie et la classe moyenne constituent une clientèle de choix. Antonio Bullo exerce son activité en plein centre-ville, en face du tribunal.

La boucherie Libournaise, photographiée juste après guerre, offre l'image de la prospérité retrouvée dans une ville éprouvée et qui a perdu cinq cents de ses enfants au cours de ce conflit. Le goût de vivre des rescapés s'exprime dans ce bel étalage de quartiers de bœufs et dans les plaisirs retrouvés.

Les restaurants forment un secteur actif dans une ville de marchés et de foires. La présence d'une gare importante fournit une clientèle aux restaurants comme aux hôtels, particulièrement nombreux autour du terminus, à Libourne, de la ligne du Paris-Orléans… qui s'achève en fait à Bordeaux depuis plus de 50 ans !

Louis Guillier est le dernier représentant d'une famille d'imprimeurs prospères à Libourne pendant près d'un siècle. Une facture de 1937 (AML) et un calendrier de 1940 montrent une spécialisation dans les étiquettes de vin, en marge de travaux plus traditionnels. L'oncle de Louis, Henry Guillier (1847-1912), a publié de très nombreuses cartes postales sur Libourne – beaucoup sont ici reproduites – et sa région mais aussi sur des départements de l'ouest de la France, à côté, notamment, d'une activité d'imprimeur de journaux. Le 2 octobre 1997, le conseil municipal a donné son nom à une voie nouvelle, saluant le travail remarquable de ce photographe-imprimeur du début du XXe siècle.

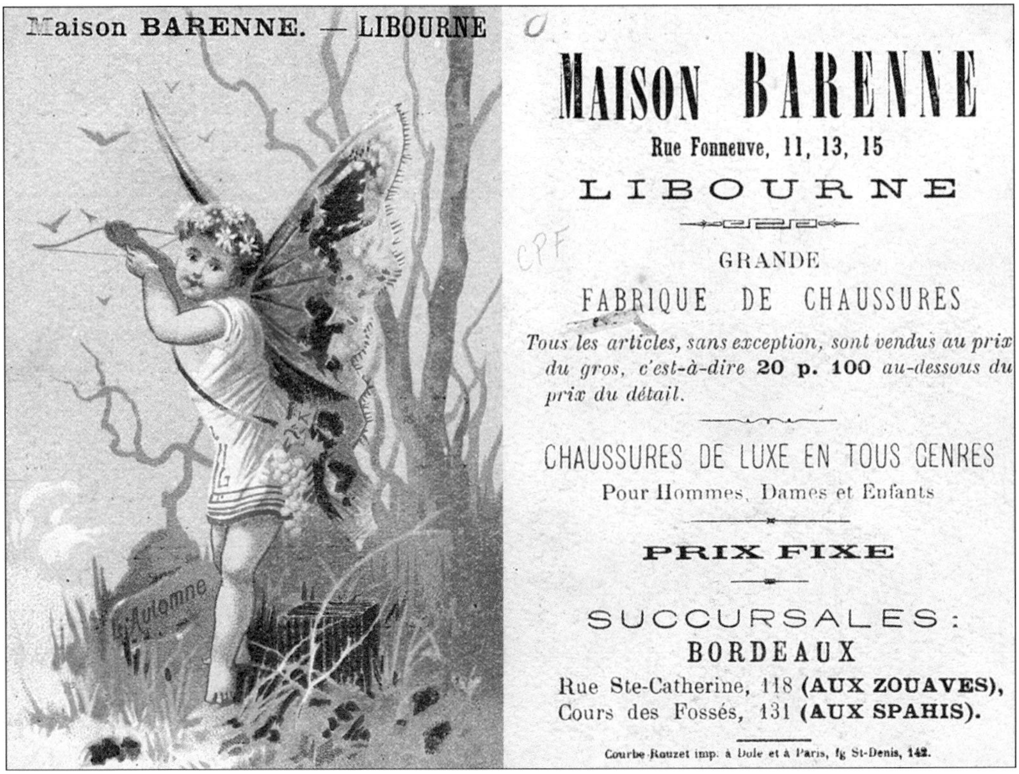

A partir de la fin du XIXe siècle, les industries de la chaussure, du chausson de feutre et de la sandale emploient une main-d'œuvre principalement féminine. Elles se développent dans l'entre-deux-guerres et offrent aussi un travail à domicile dit « à façon ». La Maison Barenne entretient deux succursales à Bordeaux où elle distribue des chaussures élaborées dans son usine à Libourne. Le secteur du chausson est beaucoup plus important, comme le montrent les bâtiments imposants de l'entreprise Balland, aujourd'hui occupés par un des plus gros cabinets d'expertise comptable du Sud-Ouest.

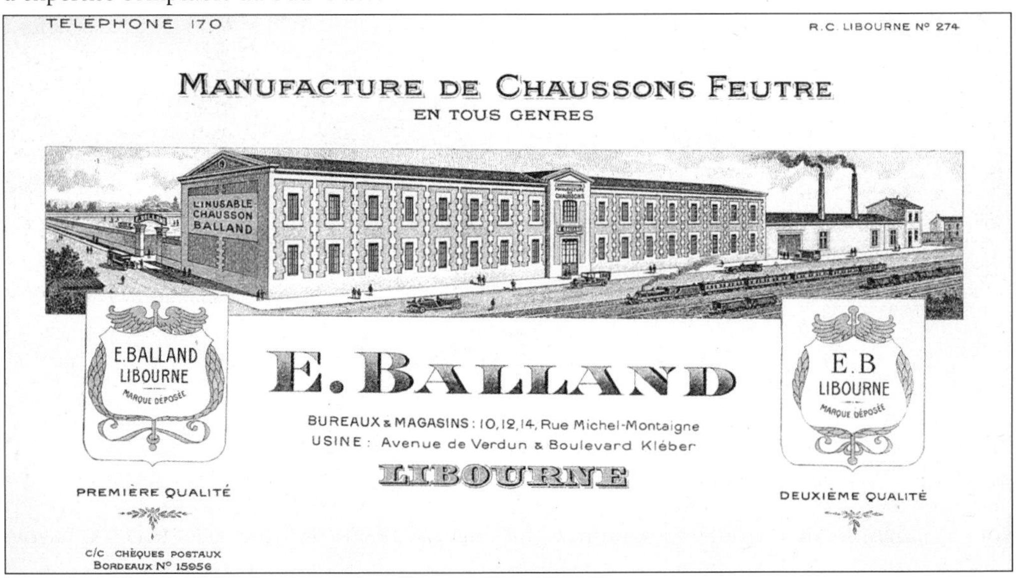

Le charroi participe encore au transport des marchandises. Les attelages de bœufs acheminent les chargements de barriques vers les chais des négociants en vin ou vers les quais pour être embarqués sur des gabarres. Les charrois sont impressionnants de par la force animale et la dextérité des vignerons qu'ils nécessitent.

Libourne possède plusieurs Maisons de louage de voitures à cheval, comme celle d'Emile Nessans et Charles Bordes, située place des Casernes en 1910. L'acheminement des personnes et des marchandises repose sur une activité intense de location de voitures et de métiers liés à celle-ci, correspondant à une main-d'œuvre un peu plus importante en 1911 que celle de la compagnie de chemin de fer.

Une partie du territoire de la commune est rurale. La charrette attelée de chevaux reste un spectacle commun. Les établissements de négoce en vin Lavigne-Malavart utilisent le cheval pour acheminer leurs expéditions à la gare proche. Après guerre, le camion remplace rapidement un tel équipage.

En 1923, René Boué est courtier en automobile au n° 69, rue Neuve (rue Président Doumer depuis 1932). Il illustre l'effacement des autres moyens de transport terrestres. Les carrossiers et bourreliers libournais se reconvertissent en mécaniciens. Les loueurs de voitures à cheval disparaissent. L'équidé commence à quitter le monde urbain.

Les travaux du chemin de fer débutent en octobre 1845. Une centaine d'ouvriers terrassiers travaillent sur le territoire de la commune de Lalande. La gare a peu changé depuis sa construction. A la fin du XIXe siècle, les voitures à cheval témoignent seules de la complémentarité de la route et du rail.

L'architecture métallique trouve ici un de ces premiers exemples. Rue Montesquieu, la ville possède une intéressante construction antérieure utilisant des piliers de fonte. Abritant aujourd'hui une quincaillerie, cet immeuble était en fait la salle du Vauxhall, destinée à accueillir des spectacles.

Les grilles et l'édifice devant la gare sont destinés à l'octroi. Les taxes sur la circulation des marchandises constituent l'essentiel des revenus de la ville. Les jours de marchés et de foires, le travail du personnel de l'octroi est très important. En 1856, leur effectif représente la moitié des 40 employés municipaux ! Libourne compte alors 12 000 habitants.

Depuis le 20 septembre 1852, le tronçon Angoulême-Bordeaux est ouvert au trafic. Dès 1856, la Compagnie du Paris-Orléans emploie une dizaine de personnes, exerçant des fonctions diverses allant du mécanicien au chef de district. Pourtant la voie ferrée n'a pas encore évincé le transport fluvial, même s'il vit ses derniers beaux jours.

« Pendant des années et des années qu'il avait vécu loin de Listrac [Libourne]*, il aurait pu autant de fois qu'il l'aurait voulu entendre, en fermant les yeux, le bruit des bandes de métal en partie dévissées qui bordaient chaque marche des escaliers d'accès. »* C'est ainsi que Jean Freustié commence son roman *La Passerelle*. Construite en 1898, la passerelle est devenue familière aux Libournais.

La gare des tramways se situe au pied de la passerelle, voisine de la gare de chemin de fer. La complémentarité des deux moyens de transport s'impose. Les wagons des Tramways du Libournais participent durant trois décennies à la vie sociale et économique.

Les aménagements ferroviaires et ici les interventions sur la voie offrent une illustration de la révolution industrielle. Les Libournais s'opposent à l'installation de très importants ateliers de maintenance, par peur de l'arrivée d'une population ouvrière… Les chantiers du chemin de fer s'établissent alors à Coutras, contribuant à donner à la vallée de l'Isle un caractère industriel.

Les tramways appartiennent à la mémoire collective. La ligne Libourne - Saint-André-de-Cubzac, inaugurée le 19 avril 1913, comprend neuf stations desservies en une heure et quart. La Compagnie des tramways du Libournais emploie huit personnes : un chef de gare, un facteur, un chef d'équipe, un chef électricien et quatre électriciens.

Les rails du tramway dessinent un parcours à travers la ville. La gare se situe à côté de celle du chemin de fer, dans un bel édifice en pierres de taille aujourd'hui heureusement conservé. Cette carte postale montre très bien les rails des deux lignes place de la Gare. La ligne de Puisseguin est mise en service en mars 1914.

La motrice du tramway, alimentée par des caténaires, passe devant la statue du duc Decazes. Avant guerre, l'électricité fait une timide apparition avec ce nouveau moyen de transport. Libourne doit attendre la fin de la première guerre mondiale pour l'installation d'un réseau de distribution ouvert au public.

Le tramway électrique peut à l'occasion tracter des wagons de marchandises. Ils étaient peints en rouge et ceux des voyageurs en vert. Le développement du transport routier dès l'entre-deux-guerres entraîne la disparition de ce moyen de transport.

La ligne Puisseguin - Liboune - Saint-André-de-Cubzac disparaît en 1949, laissant 65 personnes au chômage... et des infrastructures lourdes. Le franchissement de l'Isle représente un des ouvrages les plus spectaculaires. La rivière est barrée en 1912 par des pilotis, laissant une arche au centre pour le passage des bateaux. La société Dyle et Bacalan réalise ce chantier pour le compte du concessionnaire, la société Ortal, de Bordeaux.

La Compagnie des tramways du Libournais dessert donc une partie du nord-ouest du département. Le bouleversement de la vie dans ces campagnes accélère la baisse de la rentabilité de la compagnie. Dix ans plus tard, Bordeaux abandonne aussi le tramway… avant d'y revenir récemment.

Cette photographie montre le tramway traversant le petit bourg de Catusseau, situé sur la célèbre commune de Pomerol. Aujourd'hui, cette partie de la commune n'a guère changé, respectant toujours le caractère viticole d'un prestigieux terroir lié aux belles graves qui le distinguent des autres appellations proches.

4

Les rivières et le port

Le port a une existence fort ancienne. Une cale est mentionnée dès 1346 ; le document parle d'une *« place où l'on mettait des bateaux nommés courals »*. Elle existe encore au XVIIe siècle au bord de la Dordogne. Les statuts de la ville de 1476 évoquent les *« nefs, barques et autres vaisseaux avec quille ou sans quille »* qui doivent, selon les cas, échouer sur la berge et décharger à la planche, ou bien mouiller en rade et effectuer le transbordement au moyen d'allèges. Michel Bochaca montre la grande variété des marchandises débarquées : blé, farine, poisson, volailles, fruits et fromages. Au début du XVIIIe siècle, le port reçoit 80 à 100 vaisseaux de Hollande par an, venus charger des vins de Bergerac et de Sainte-Foy. Le port exporte de grandes quantités de « vin de ville » dès 1762. Le trafic international disparaît dès la fin du XVIIIe siècle. Le marché breton et du Nord-Ouest forme l'essentiel du commerce. La Bretagne achète les vins du Libournais, les négociants de la place possèdent d'ailleurs des commissionnaires à Vannes, à Auray, à Quimper, à Morlaix et à Brest.

L'hiver de 1708-1709 reste un des plus difficiles pour les Libournais. La température atteint pendant trois semaines - 15 °C. Le vin gèle dans les barriques. La navigation sur la Dordogne et l'Isle est interrompue. Le transport des grains par bateaux cesse pendant deux mois. L'hiver 1914-1915, beaucoup moins rigoureux, provoque cependant la formation de glace sur les rivières. Il rend très difficile les débuts d'une guerre que les Libournais croient courte.

A Libourne et à Bordeaux, il faut attendre le XIXe siècle pour voir l'aménagement de quais droits. Le port emploie 60 % des actifs du secteur des transports au milieu du siècle. Le 3 août 1856, le journal *La Chronique de Libourne* salue *« la mise à l'eau d'un navire d'un très fort tonnage, construit sur un chantier à l'extrémité du faubourg des Fontaines »*. Il précise que *« malgré la rude concurrence que les chemins de fer font à la marine marchande, il a été construit en 1855 dans l'arrondissement de Libourne 28 navires jaugeant plus de 8000 tonneaux »*. Le triomphe du rail semble cependant inévitable. Avant la Grande Guerre, le port apparaît en sursis. Le soutien de la chambre de commerce de Libourne, fondée en 1912, et l'action de Jean Sicaire permettent au port de continuer à recevoir *« 40 à 60 bateaux par an, de nationalité hollandaise, allemande, espagnole et française ; important des engrais, des produits chimiques ; exportant des poteaux de mines et des céréales »*.

La pêche est l'activité la plus ancienne liée aux rivières se rejoignant à Libourne. La flottille de pêche est constituée de yoles et de filadières, embarcations de 5 à 6 mètres de long. Le saumon reste une prise commune au milieu du XIXe siècle. Les contrats d'apprentissage limitent au XVIIIe siècle sa consommation à trois fois par semaine… Les poissons migrateurs (lamproies, aloses, piballes ou civelles) complètent les prises.

Les pêcheurs pratiquent en Libournais la pêche à l'*escave*. Elle associe bateaux, filets et système de cabestan à terre destiné à ramener les filets sur la rive. Cette pêche se pratique sur la Dordogne. Elle occasionne maints conflits avec les propriétaires riverains et les autorités responsables de la police des eaux.

Les gabarres faisaient transiter des vins embarqués à Libourne vers le port de Bordeaux, où ils étaient réembarqués sur des navires de haute mer. Elles servaient également à embarquer des barriques de vins chez des propriétaires riverains des bords de la Dordogne ou de la Garonne, pour les amener à Libourne, chez des négociants en vins, tels que les Maisons Horeau & Beylot, Lacaze, Robin, Legendre, Chaperon, Giraud, etc.

La gabarre possède un fond plat et un mât qui peut être replié afin de passer sous les ouvrages d'art. Navire de charge, elle transporte toutes sortes de cargaison : vins, grains, pierres, graves, bois, charbon, etc.

Le port se situe à la rupture de charge entre le trafic maritime et fluvial. Libourne accueille des vaisseaux de haute mer, tel ce brick. Navire de petit tonnage, il porte une voilure considérable et jauge rarement plus de 300 tonneaux. Une invitation au voyage à laquelle beaucoup de Libournais ont répondu…

En 1905, le bateau présidentiel montre le caractère maritime du port de Libourne. Au XVIIIe siècle, la ville recevait plusieurs dizaines de navires normands, hollandais, anglais, suédois ou danois venus charger du vin. La voie maritime est délaissée dès la fin du XIXe siècle.

La tour du Grand Port domine la partie du port établie sur l'Isle. Plus abrité, il constitue un havre propice aux navires en charge. Dès 1840, un projet d'installation d'un service de bateaux à vapeur entre Libourne et Périgueux voit le jour pour permettre de réduire le temps du transport des marchandises entre Bordeaux et Périgueux. Il est hélas déjà trop tard.

La rue des Chais conduit à la porte du Grand Port. Cette vieille rue commerçante garde un aspect moyenâgeux. Elle possède plusieurs maisons et hôtels particuliers remarquables. Parcourir la rue permet d'évoquer une partie de l'histoire de la ville liée à la proximité des rivières et du port.

Le quai des Salinières perpétue le privilège médiéval détenu par la ville sur le commerce du sel. Les Libournais obtiennent du roi-duc que tous les navires chargés de sel entrant dans la Dordogne déposent leur chargement à Libourne. Les sacquiers, chargés du mesurage, deviennent une puissante confrérie de la ville.

Les chargements de barriques offrent des entassements impressionnants. Les négociants se méfient des malversations des matelots. Le 13 mai 1884, le courtier en vins Justin Peyraud indique : *« Comme transport le négociant* [Maison Chenel & Coudreau, de Libourne] *veut absolument que les vins soient rendus par le chemin de fer. Il préfère manquer l'affaire que de les recevoir par eau. »*

Les barriques attendent d'être embarquées sur le quai du Priourat donnant sur la Dordogne. Elles contiennent 225 litres ; le tonneau est une mesure de compte équivalant à quatre barriques (900 litres). Ce quai abrite une partie des chais des négociants libournais. Les autres sont situés sur l'Isle ou disséminés dans la ville.

L'importance du transport fluvial s'effondre dans la deuxième partie du XIXe siècle, malgré de gros efforts. Le creusement du canal latéral à la Dordogne en amont de Bergerac, les lourds aménagements du port de Libourne sous la monarchie de Juillet, les investissements multiples autour de la Dordogne, de l'Isle et de leurs affluents arrivent trop tard.

La rive opposée sur la Dordogne accueille aussi les bâtiments imposants des Maisons de négoce en vins. Les établissements Legendre occupent un très bel emplacement situé sur la commune d'Arveyres, à la sortie du pont de Bordeaux. Les gabarres viennent ici charger à partir d'embarcadères.

Les marées et les inondations caractérisent le rapport de l'homme à la rivière. Celui-ci bouleverse son cours afin de l'adapter à l'hydro-électricité à la fin du XIXe siècle. Le besoin d'énergie et les progrès techniques ouvrent le règne de l'électricité. Certaines campagnes de la région en profitent avant Libourne.

La levée maritime pèse longtemps sur les inscrits maritimes. Le quartier de Libourne ne fait pas exception. La presse signale, en 1840, qu'à « *peine l'époque du départ des premiers marins et charpentiers levés extraordinairement est-elle arrivée, qu'une nouvelle levée de 80 marins et de 30 charpentiers de navires vient d'être ordonnée dans le quartier de Libourne* ».

Le chargement de la gabarre s'effectue de façon manuelle, comme au Moyen Age. Les manœuvres transportent des sacs en utilisant une simple planche pour monter à bord. *La Rivière espérance*, immortalisée par le romancier Christian Signol, connaît les dernières gabarres à voiles. La motorisation apparaît avec la révolution technique de la fin du XIXe siècle.

Le quai du Pont peut recevoir plusieurs gabarres en même temps. Certaines Maisons de commerce ont un accès direct sur le quai par des tunnels (on en distingue deux, à droite sur la photographie). Les barriques y étaient roulées jusqu'à la zone d'embarquement.

A la veille de la première guerre mondiale, le pont de Pierre possède deux guérites d'octroi permettant de lever l'impôt finançant le budget communal. Voie de communication vers Bordeaux et l'Entre-Deux-Mers, il offre à la ville une desserte routière facile depuis 1825.

Cette vue montre le trafic des gabarres sur l'Isle et, au second plan, la palus de Fronsac consacrée à l'agriculture (élevage laitier, viticulture, polyculture). Au premier plan, les quais complètent les aménagements portuaires sur l'Isle et la Dordogne réalisés principalement sous la monarchie de Juillet.

Une gabarre démâtée s'apprête à passer sous le pont de pierre afin de remonter en direction de Castillon-sur-Dordogne, Sainte-Foy-la-Grande ou Bergerac. Les deux mâts amenés, l'équipage reste attentif pour une telle manœuvre. La barque de service accompagne en permanence la gabarre ; elle sert à se rendre à terre ou à réaliser des réparations.

Au XVIIIe siècle, les pêcheurs assurent le passage des personnes et animaux désirant se rendre à Bordeaux, par Fronsac, Saint-Pardon-de-Vayres, Saint-Loubès, Carbon-Blanc et La Bastide, en dix à douze heures… Les voyageurs peuvent emprunter la *Cavernière*, sorte de gabarre reliant Libourne à Cavernes et partant devant la porte du Grand Port.

Le quai Souchet est un lieu prisé des Libournais. En juin 1837, les autorités municipales interdisent la baignade en plein jour le long des quais. *La Chronique de Libourne* signale que « *cet abus avait éloigné des promenades du bord de l'eau les femmes qui viennent les embellir chaque soir* ». Dès 1868, la municipalité assure la surveillance de la baignade avec un « *plongeur de service* », afin de sécuriser les bains dans la rivière.

Capitaine de navire, Léonard Souchet (1726-1801) devient le 14 mars 1792 maître du port. Il est maintenu à ce poste par le Directoire. Capitaine au long cours, il illustre la fonction maritime aujourd'hui bien oubliée du port. Les quais et les cales construits à partir de 1842 paraissent bien vides.

Les moulins, la papeterie de Montfourat, les chantiers du chemin de fer de Coutras, l'usine de lavage des laines et la fabrique d'huile d'arachides d'Abzac, l'usine à effilocher les laines et la scierie de Saint-Seurin-sur-l'Isle, les usines textiles ou de confections, les usines de chaussons, etc. contribuent longtemps à donner un caractère industriel à la vallée de l'Isle et une vie à la rivière.

Le parcours Libourne-Fronsac se fait à bord de petits vapeurs, dénommés gondoles. Un chantier de constructions navales poursuit son activité à Fronsac. La société de secours mutuel de Libourne assure pas moins de 61 gabarres en 1912, démontrant l'importance de la communauté des gens de rivière.

Le 25 août 1825, le pont à neuf arches sur la Dordogne (page ci-contre) est inauguré. Il est réalisé par l'architecte Jean-Baptiste Billaudel, aussi auteur d'un projet de place à programme, partiellement réalisé côté nord avec les façades ordonnancées des immeubles de la place du Maréchal de Lattre de Tassigny et du quai d'Amade.

Le confluent symbolise le rôle portuaire de la ville, majeur jusqu'au début du XXe siècle. L'expression bastide portuaire paraît tout à fait appropriée. Libourne est un des rares cas de bastide devenue une véritable ville dès la fin du Moyen Age. Les rivières ont permis ce succès et cet essor.

Le quai du Priourat devient, dès le XIXe siècle, le haut lieu du commerce du vin. Ainsi, y étaient installées les Maisons Beylot et Cie puis Horeau-Beylot, Gaston Lacaze et Cie, E. Giraud et Cie, Robin Frères, Garde et Fils, de Ricaumont, Robert-Grimard-Durand, Louis Brugnet, etc. Au XXe siècle, de nouvelles firmes, créées par des négociants d'origine corrézienne, ont fait leur apparition, comme les Audy, Theillassoubre, Moueix, Janoueix, etc. (AML)

Né en 1849 à Bordeaux et issu d'un milieu modeste d'artisans, Charles Legendre dirige la Maison Charles Legendre et Cie, fondée en 1879. Négociant en vins, il est aussi propriétaire du château Monroze, situé sur les rives de la Dordogne, entre le tertre de Fronsac et les côtes de Canon. En 1912, il contribue à la création de la chambre de commerce de Libourne, dont il devient le premier président. Il meurt à Libourne le 9 avril 1922.

Les allées Souchet reçoivent promeneurs et peintres du dimanche. L'hiver semble cependant peu favorable à une fréquentation importante. La tour du Grand Port marque le paysage. Cette porte rappelle le passé médiéval d'une cité largement restructurée aux XVIIIe et XIXe siècles avec la destruction de son enceinte.

Les inondations offrent régulièrement à la ville un aspect irréel. Les régions de palus sont fortement éprouvées lors des inondations de février 1904. Les habitants des Dagueys et de la palus de Condat sont particulièrement touchés. Les hommes du 15e dragons et des volontaires civils assurent secours et ravitaillement.

Les inondations du mois de mars 1844 coupent déjà durant une journée entière les routes de Bordeaux, de Coutras et de Guîtres. Les habitants du Libournais comptent depuis longtemps avec les caprices de la rivière. Les destructions sont quelquefois de grande ampleur et les cultures gênées, voire détruites.

La présence de la Dordogne, de l'Isle et de leurs nombreux affluents provoque régulièrement des inondations. Par exemple, sur une décennie, les plus marquantes ont lieu en décembre 1836 et 1838, en février 1841, en janvier et février 1843, en mars 1844.

Les débordements de 1904 sont importants. La presse signale que la Dronne et l'Isle recouvrent les prairies et champs de Sablons-de-Guîtres, Saint-Denis-de-Pile et Fronsac de 2 mètres d'eau. Les parties basses d'autres communes sont affectées avec une hauteur d'eau plus faible. Les riverains doivent souvent procéder à un déménagement forcé.

L'Indépendant libournais insiste sur les privations subies et les dangers courus par un grand nombre d'habitants des palus inondés autour de Libourne. Les lieux de plaisir sont aussi envahis par l'eau. Les badauds, éberlués par un tel spectacle, restent malgré tout attentifs au photographe. La carte postale devient ainsi le relais de l'actualité.

5

Les casernes et la vie militaire

Sous l'Ancien Régime, le logement des militaires était une lourde charge pesant sur les villes. Les Libournais voient avec plaisir l'édification de casernes au XVIIIe siècle. Le duc de Richelieu, gouverneur militaire de la province et seigneur de Fronsac, favorise ce projet, non sans quelques oppositions du maire et des jurats attachés à leurs libertés et aux finances de leur cité. L'aile gauche des soldats et le pavillon des officiers, constituant le corps de bâtiment central, sont édifiés entre 1766 et 1776. L'édifice représente un des rares ensembles de bâtiments publics nouveaux au XVIIIe siècle.

Les casernes de Libourne, ou plus exactement le quartier de cavalerie, offre un développement monumental exceptionnel d'architecture néoclassique en Aquitaine, hors de Bordeaux. Ce projet, œuvre de l'architecte Barreau de Chefdeville, marque le triomphe du nouveau style « à la grecque ». L'aile droite n'est réalisée qu'au XIXe siècle. Elle comporte principalement le manège achevé en 1828. Les extrémités de cette aile, destinées à loger un bataillon d'infanterie, ne sont terminées qu'en 1877.

La société de gymnastique et de tir Pro Patria est créée à Libourne dès 1879. Elle compte 150 membres actifs en 1887 et possède des sections de gymnastique, de tir, d'escrime et d'instruction militaire. En 1906, deux nouvelles sociétés mixtes de tir voient le jour : Nous Sommes Prêts et La Revanche. Cette photographie, prise dans la cour de l'ancien hôpital, semble concerner une de ces sociétés de préparation militaire entre 1908 et 1914. (AML)

Dans la seconde moitié du XIXe siècle, les casernes de Libourne abritent successivement dix-sept régiments de cavalerie : huit de chasseurs, quatre de dragons, trois de lanciers et deux de hussards. Ces unités comptent 800 hommes et autant de chevaux. Le poids économique et social de l'armée s'affirme dès la fin du siècle. Après les glorieux régiments de cavalerie, dont le 15e régiment de dragons de 1874 à 1921, le détachement du 57e régiment d'infanterie et le 139e régiment territorial d'infanterie, les casernes abritent des troupes américaines à la fin de la première guerre mondiale. Le 1er régiment d'artillerie coloniale occupe le quartier de cavalerie dans l'entre-deux-guerres. L'Ecole nationale des officiers de réserve du service de santé des armées (ENORSSA) permet, après guerre, de préserver ce superbe ensemble architectural. Aujourd'hui, les quartiers abritent une école de la gendarmerie.

Casques à crinière de cheval, les dragons sont des soldats de cavalerie lourde, aptes à combattre à pied et à cheval. Avant la première guerre mondiale, le 15e dragons apparaît comme le régiment emblématique de Libourne.

Les officiers du 15e dragons, par leurs origines, leur mode de vie et leur comportement social ou mondain, laissent une profonde empreinte dans le paysage libournais de cette époque. Nombre d'entre eux étaient originaires de la région. Des mariages témoignent aussi de ces relations privilégiées avec la bourgeoisie locale.

De 1874 à 1922, le 15e dragons occupe le quartier de cavalerie qui porte depuis 1887 le nom de Lamarque. Maximilien Lamarque (1770-1832), originaire des Landes, participe aux campagnes de la Révolution et de l'Empire. Général de division en 1807, il est fait baron d'Empire en 1810. Apprécié de l'Empereur, il est envoyé à la Restauration en résidence surveillée à Libourne avant son exil. (AML)

Les classes constituent une période ardue d'apprentissage. Elles commencent par les exercices à pied, la préparation physique et le tir. Elles se poursuivent par l'initiation à l'équitation militaire. (AML)

Au quartier Lamarque, l'incorporation des jeunes recrues rythme la vie de la caserne. Un soldat-photographe fixe ce moment, lui-même immortalisé par un second opérateur. En 1886, la rénovation de l'armée fonde un service militaire de type égalitaire, mettant fin au tirage au sort désignant les conscrits et aux dispenses des séminaristes.

L'officier de cavalerie en impose par sa prestance. Nombre d'entre eux étaient originaires de la région, comme le capitaine instructeur de Pelleport-Burète, Bordelais, le lieutenant-colonel Lewden, fils d'un notaire libournais, ou le capitaine de Bourgade, propriétaire d'un grand cru à Fronsac. Ils avaient intérêt à être affectés à Libourne près de leur propriété et de leur famille.

La musique militaire occupe une place dans la vie libournaise. Les habitants du quartier vivent au rythme des sonneries marquant la journée du soldat. Les appels au clairon ou à la trompette pour le lever, la soupe, l'appel au caporal de semaine, etc., animent le quartier du Jardin Public.

La vie militaire reste rude. L'armée est cependant une institution fédérative. Combien de jeunes Libournais, de la ville comme des campagnes, rejoignent la « grande muette » ? Le service militaire les oblige à servir. Certains s'engagent par choix, fuyant les campagnes ou un travail incertain en ville.

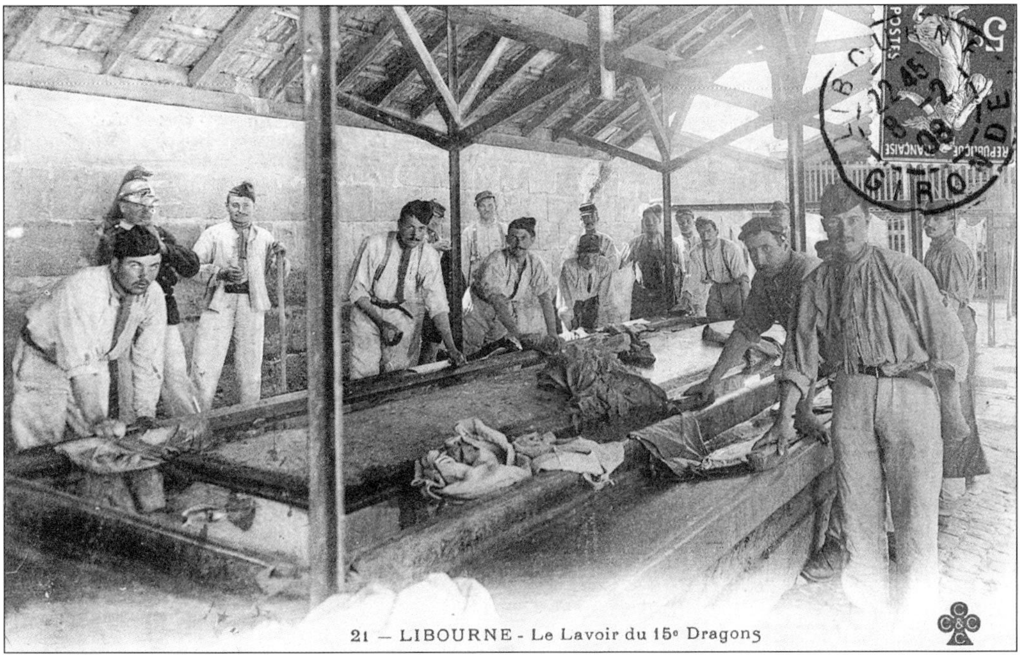

Le lavoir apporte l'hygiène indispensable à la vie en commun. L'instituteur et le cadre militaire apportent la même attention à la propreté de l'élève et du soldat. Le progrès s'installe sous l'impulsion des médecins hygiénistes et de municipalités sensibles à la salubrité publique. (AML)

L'officier-vétérinaire et le maréchal-ferrant, que l'on peut voir ici, jouent un rôle important au sein d'une unité rassemblant plus de 800 chevaux. Le maréchal-ferrant reste un personnage utile, même si le nombre de montures commence à se réduire en ville : en 1872, il était encore de 600 pour 29 écuries particulières. (AML)

L'armée a la réputation de bien nourrir ses soldats. Les infrastructures de ces cuisines illustrent la volonté de moderniser la vie militaire. L'armée devient en France un enjeu après la défaite de 1870. Le général Boulanger, ministre de la Guerre, participe à ce redressement, menaçant même la République.

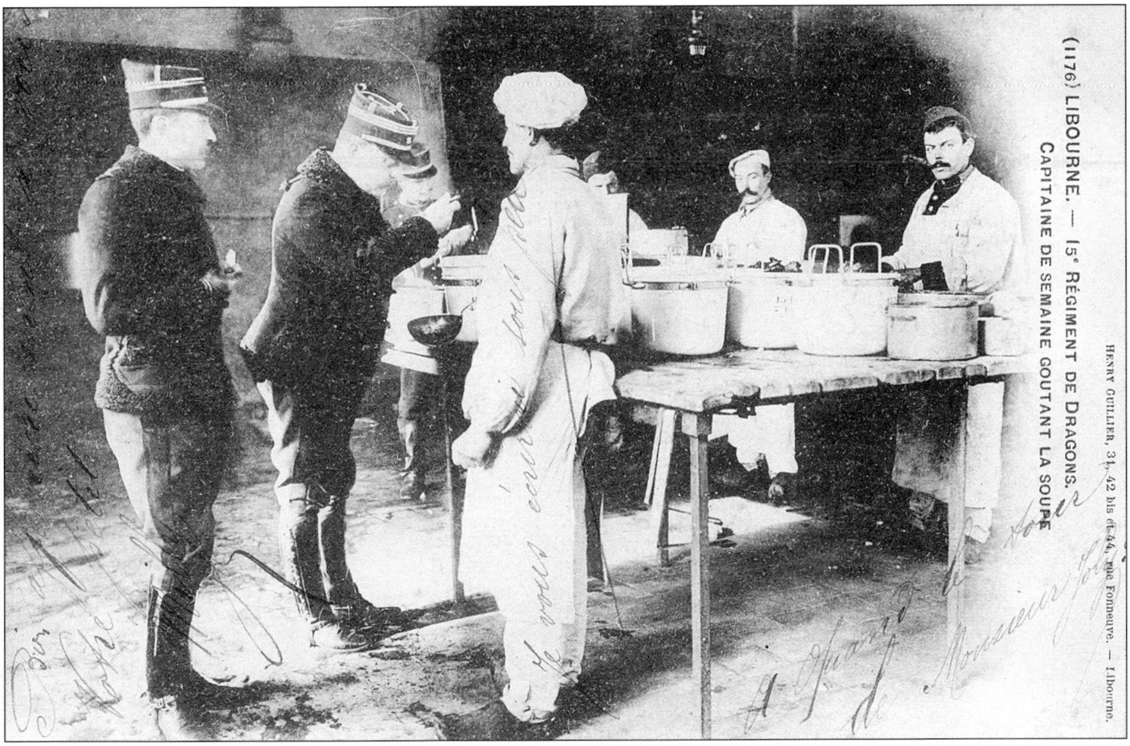

Le moral des troupes apparaît fondamental. L'encadrement surveille les conditions de vie du régiment. La soupe est souvent meilleure que la pitance habituelle dans les campagnes. La viande entre une fois par jour dans l'alimentation du soldat français, c'est une révolution alimentaire extraordinaire. La préparation de la reconquête de l'Alsace-Lorraine est à ce prix.

Les séances de tir participent à la formation militaire. Les entraînements à cheval constituent l'essentiel du service. Hommes de selle, les officiers et sous-officiers du 15e dragons exercent leurs talents de cavaliers dans les diverses compétitions hippiques de la région, amassant ainsi un impressionnant palmarès, précise Eric Labayle.

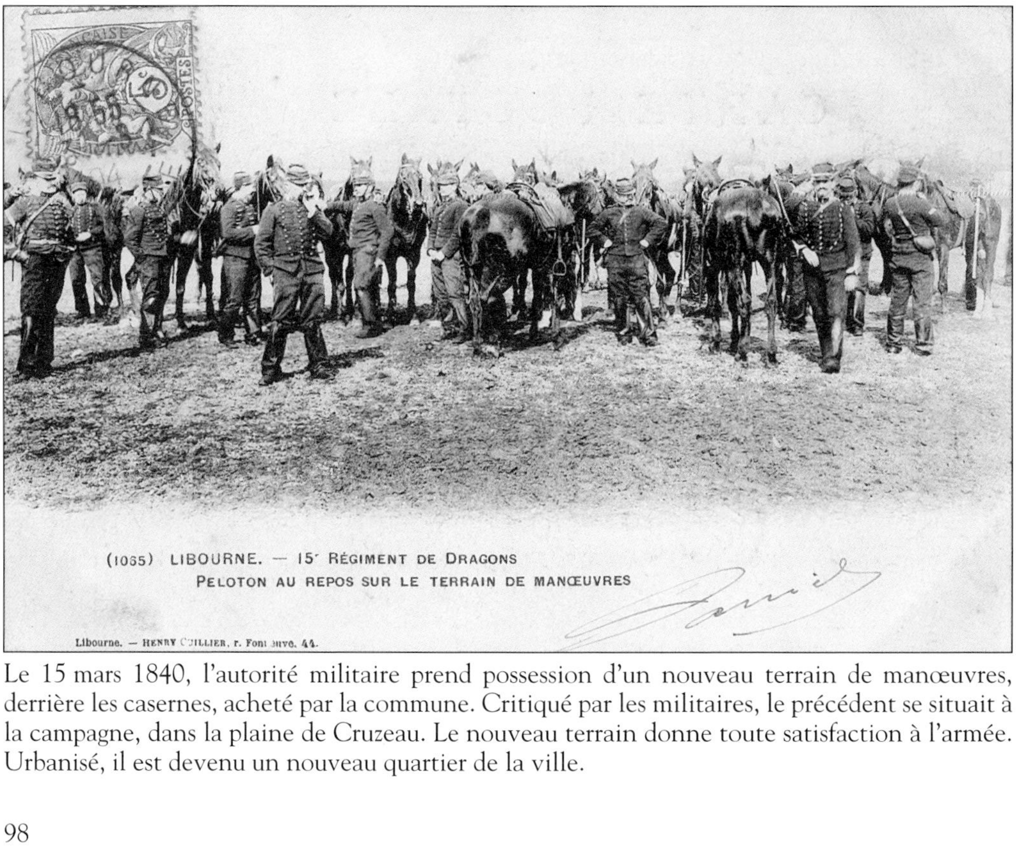

Le 15 mars 1840, l'autorité militaire prend possession d'un nouveau terrain de manœuvres, derrière les casernes, acheté par la commune. Critiqué par les militaires, le précédent se situait à la campagne, dans la plaine de Cruzeau. Le nouveau terrain donne toute satisfaction à l'armée. Urbanisé, il est devenu un nouveau quartier de la ville.

En 1907, les acteurs économiques ressentent durement l'absence, durant deux mois, du 15e dragons envoyé à Béziers pour participer au maintien de l'ordre dans le Midi viticole révolté. Après guerre, l'arrivée d'un régiment d'artillerie coloniale donne à la ville une animation nouvelle et une ambiance exotique.

Le 139e régiment territorial d'infanterie (RTI), unité de réserve formée de recrues de la région, occupe aussi les casernes de Libourne durant ses périodes. Cette photographie, prise pendant la mobilisation générale de l'été 1914, montre un groupe d'officiers de ce régiment, parmi lesquels on peut identifier le lieutenant André Robin (1879-1946) portant lorgnons (3e au second rang, en partant de la droite).

En juin 1874, suite à une convention signée avec le département de la Guerre, la ville se voit dotée d'une garnison d'infanterie. Un décret l'autorise à emprunter les 400 000 francs nécessaires à l'édification des nouvelles casernes et à l'achèvement des anciennes, terminées en 1877. Un bataillon et le dépôt du 57e régiment d'infanterie s'installent dans la caserne Proteau.

Le retour de manœuvres du régiment annonce une reprise d'activité des commerces et une augmentation des taxes d'octroi favorable aux finances libournaises. A partir de 1877, les dragons et les soldats d'infanterie fréquentent les cafés et les cabarets de la ville.

La gendarmerie occupe à partir de 1850 les locaux de la vieille prison située dans l'ancien couvent des Ursulines, rue Thiers, et jouxtant le tribunal. A partir de 1911, le détachement de gendarmerie, commandé par le capitaine Bousquet, s'installe route de Lyon (avenue Georges Clemenceau), dans un bâtiment nouvellement construit.

LIBOURNE. — Le Foyer du Soldat : Entrée principale.

La salle des pompiers abrite pendant la Grande Guerre un foyer du soldat. Les édifices publics sont réquisitionnés afin d'abriter des hôpitaux temporaires. Blessés et réfugiés occupent aussi les locaux libérés par l'administration. La tension entre la population libournaise et les réfugiés devient de plus en plus forte. Libourne accueille une petite communauté de jeunes Serbes accompagnés de leurs enseignants et scolarisés au collège et dans les institutions pour filles. Cette population de réfugiés semble jouir d'une attention des plus favorables. (AML)

En juin 1918, le quartier-général des troupes américaines se trouve à l'hôtel de France, rue Chanzy. Les troupes occupent des casernements temporaires à Libourne, Saint-Emilion, Vayres, Coutras, Saint-Denis-de-Pile, etc. Il semble que ces camps américains aient abrité des unités fort diverses, à l'image de la musique du 62e régiment d'artillerie, ici photographiée à Libourne et cantonnée à Saint-Emilion pendant le second semestre de 1918, ou du dépôt d'artillerie lourde de Libourne, comprenant une école de tracteurs pour tirer les grosses pièces.

6

Les fêtes et le sport

Le 26 juillet 1914, l'inauguration du nouvel hôtel de ville représente la dernière festivité avant quatre années de guerre. Cette cérémonie officielle associe les représentants de l'Etat (messieurs Raynaud, ministre des Colonies, Bascou, préfet de la Gironde, Lafargue, sous-préfet de Libourne) et monsieur Clerjaud, maire, entouré du conseil municipal. Défilés des sociétés de gymnastique, inauguration, banquet et distribution de vivres aux pauvres, meeting d'aviation, concert de l'Harmonie municipale, retraite aux flambeaux avec la musique du 57e régiment d'infanterie et la fanfare du 15e dragons, bal public et feu d'artifice constituent les temps forts de cette dernière fête avant août 1914.

A Libourne, les régates représentent une manifestation importante et attirent une foule d'origine libournaise et régionale. Au XXe siècle, les fêtes de Pentecôte deviennent l'occasion de régates internationales avec des rameurs espagnols, britanniques et la participation des grands clubs français. Créé en 1876, le Club nautique de Libourne perpétue aujourd'hui cette activité. Il renoue avec des résultats au plan national après plusieurs participations de certains de ses athlètes aux Jeux olympiques de 1948, 1952, 1960, 1964 et 1972. A ceux de Tokyo, Jean-Claude Darouy obtient même une médaille d'argent en deux barré.

A la fin du XIXe siècle, les fêtes religieuses, le carnaval, les défilés des bœufs gras, les bals, les feux de la Saint-Jean, les concerts, les sérénades et les charivaris offrent encore l'image d'un monde marqué par l'héritage de la société ancienne. La nouvelle société urbaine connaît de larges bouleversements dans ses habitudes, conservant cependant certaines pratiques traditionnelles jusqu'au milieu du XXe siècle. La musique, inséparable de la fête, occupe une place essentielle dans la vie culturelle des Libournais. Dans un cadre privé ou public, elle connaît un succès extraordinaire parmi les bourgeois comme parmi les ouvriers. L'apprentissage d'un instrument est le fondement de l'éducation bourgeoise. Les sociétés musicales se multiplient: harmonie, musique des sapeurs-pompiers, Pro Patria, Bleus de Saint-Ferdinand, Rouges de Saint-Jean, rivalisant avec les musiques militaires en participant à des concours.

La place Decazes accueille de plus en plus de manifestations et d'activités. Dès sa fondation, en 1867, le Cercle de la Concorde occupe les salons du café de l'Orient. Son but demeure littéraire et commercial, en accord avec la législation de l'époque visant à éviter la constitution de sociétés politiques et de tripots clandestins. Sur 32 membres, un bon tiers travaille dans le négoce, un tiers vit des revenus de ses propriétés ou de ses rentes, un quart demeure lié à des professions libérales – juridiques essentiellement – et, enfin, deux d'entre eux sont des cadres de l'armée. Le cercle atteint 108 membres en 1893. Il poursuit son activité au début du XXe siècle.

Le 2 mai 1897, des « *grandes courses internationales de bicyclettes* » sont prévues, ouvertes aux professionnels de la Gironde, des Charentes et de la Dordogne. Le programme comporte aussi « *des courses d'amateurs, un "match hippo-cycliste" entre le vainqueur des professionnels et* M. *Cody père à cheval, des tirs d'adresse sur objets fixes et mobiles, une pantomime représentant la vie de Cody en Amérique* ». La présence à Libourne de Buffalo Bill montre une curiosité pour l'exotisme. Il se produit au vélodrome aménagé à la sortie de la ville, sur la route de Paris. La journée se termine par « *une pantomime représentant la vie des cow-boys dans les pampas* » [sic].

La population libournaise est à 99 % catholique. Le sentiment religieux semble ne pas avoir été entamé par la lutte anticléricale menée par le pasteur Jules Steeg et les francs-maçons. Pèlerinages, processions et fêtes religieuses soudent une communauté dynamique autour de deux paroisses et quatre églises.

Libourne. — HENRY Guillier, rue Fonneuve.

(1025) LIBOURNE. — UN COIN DU JARDIN PUBLIC PENDANT LE CONCERT.

La musique constitue depuis longtemps l'expression artistique la plus appréciée. Un billet annonçait déjà un concert spirituel, le dimanche 12 décembre 1751, donné par madame Hovin de La Gidonnais, pour un prix d'entrée de 12 sols par personne. Le concert avait lieu dans une salle, chez monsieur Lamare, sous le couvert, où un bon feu était promis.

Doté d'un club nautique (1876), d'un vélodrome (1897) et d'un hippodrome (1908), Libourne est une ville sportive. Escrime, natation, gymnastique paraissent les disciplines les plus développées à côté de l'équitation, du tir et du cyclisme nouveau venu. La course à pied, réhabilitée à travers la résurrection des Jeux olympiques en 1896, reste à la base du sport.

Le cheval attire badauds, amateurs et connaisseurs. La course à cheval Bordeaux-Paris, en 1904, essaie de rivaliser avec les raids à pied, à bicyclette et en automobile qui se multiplient autour de 1900. La foule des canotiers, des casquettes et des chapeaux est à peine égaillée par quelques couvre-chefs féminins.

La revue des pompiers, le passage d'un marcheur émérite et le déroulement d'une manifestation traditionnelle représentent des occasions de fête. Créé au début du XIXe siècle, le corps des sapeurs-pompiers jouit d'une grande considération. La compagnie des sapeurs-pompiers devient en 1862 une société de secours mutuels. Le 8 septembre de la même année, une cérémonie religieuse a lieu pour la bénédiction du drapeau de la compagnie, dirigée par le capitaine Gauthier. Dans une pétition, les sapeurs-pompiers demandent la création d'une musique dont la presse expose le rôle : « *Une musique qui donnerait plus d'éclat, plus de solennité à leurs marches et revues, et à leur présence dans les grandes cérémonies publiques auxquelles ils sont conviés.* » Le maire accepte cette formation qui « *rendra ses membres encore plus zélés s'il est possible ; et que l'attrait de cette Musique fera contracter de nouveaux engagements dans ce corps.* [...] *cette mesure sera non seulement une récompense accordée aux pompiers pour les services qu'ils ont rendus à la ville, mais encore un stimulant dans l'accomplissement de leurs nouveaux devoirs* ». Le 9 août 1864, François Battanchon prend la direction de la musique des sapeurs-pompiers.

Pro Patria, société de gymnastique et de tir créée en décembre 1878, fait l'objet d'une autorisation préfectorale le 10 février 1879. Elle compte 150 membres actifs dès 1887 et possède alors des sections de gymnastique, de tir, d'escrime et d'instruction militaire. Elle assure des cours de gymnastique pour les élèves du collège et des écoles.

En 1914, les sociétés de gymnastique françaises rassemblent plus d'un demi-million de membres. « *La nation*, analyse Théodore Zeldin, *s'entraîne à battre les Allemands avec leurs propres méthodes*. » Un fort sentiment républicain accompagne la naissance du mouvement sportif libournais autour de personnalités remarquables, au premier rang desquelles un simple cordonnier, Isidore Treignac (1856-1933), fait chevalier de la Légion d'honneur en 1931.

Autorisé le 28 janvier 1879, le club nautique organise ses premières régates dès le 20 mai 1876. Le journal *Le Yacht* en donne un compte rendu : « […] *le goût des régates se popularise. La foule s'est pressée sur les estrades qui ont été dressées sur les deux rives de la Dordogne.* »

Le sous-préfet dénonce, le 31 juillet 1877, la mainmise républicaine sur le club nautique. Il écrit : « *Sur 33 membres inscrits, plus des deux tiers me sont signalés comme appartenant à l'opinion républicaine avancée.* » Il présente son premier président, monsieur Juhel-Renoy, comme un radical avéré… Dès l'origine, sport et politique sont liés.

(4696) LIBOURNE. — RÉGATES SUR LA DORDOGNE, DÉPART DES ÉQUIPES A 4.

Le triomphe de la République semble apaiser les tensions. Les régates de Pentecôte et du 14 juillet rassemblent de nombreux participants, à l'aviron comme à la voile. Ces fêtes publiques attirent un grand nombre d'étrangers favorables à l'activité du commerce et aux ressources du bureau de bienfaisance, d'après un rapport du sous-préfet.

(34) LIBOURNE. — TORPILLEURS EN LIGNE DE FILES SUR LA DORDOGNE.

Le port accueille trois torpilleurs en septembre 1900. D'un modèle ancien, ils appartiennent à la défense mobile de Lorient et sont utilisés pour l'instruction. Les Libournais se rendent à bord en grand nombre. Ils admirent *« la bonne tenue et l'extrême propreté de leur intérieur »* et apprécient, selon la presse, *« l'exquise politesse et la parfaite courtoisie de nos braves marins »*.

La construction automobile française occupe le premier rang mondial. Il est naturel de voir les courses se multiplier sur son sol et en Europe : Paris-Berlin en 1901, Paris-Vienne en 1902 et Paris-Madrid en 1903. Le 24 mai 1903, plus de 200 concurrents s'élancent de Versailles, parcourant la distance entre Paris et Bordeaux à folle vitesse : plus de 100 km/h…

La traversée des villes se fait derrière un cycliste afin de sécuriser le passage. Ces documents montrent les concurrents sur les allées à Libourne. La presse parle alors de plus de 300 000 curieux massés sur les routes du département de la Gironde.

De nombreux accidents marquent la première étape. Monsieur Delaney subit une sortie de route près de Cercoux, en Charente, et termine dans le fossé après s'être retourné. La poussière soulevée sur des routes non encore goudronnées provoque beaucoup d'incidents, dont plusieurs mortels.

Libourne assiste à un terrible drame sur la route d'Arveyres, après le départ pour Bordeaux. Un chien se jette sous les roues de la voiture de l'Anglais Loraine-Barrow. Le mécanicien est tué sur le coup. Le ministre de l'Intérieur donne l'ordre d'arrêter la course à Bordeaux. Après trois semaines de souffrances, Loraine-Barrow décède à Libourne.

La venue d'un président de la République à Libourne reste un événement de première importance. En 1895, le président Félix Faure reçoit un accueil enthousiaste d'une population acquise majoritairement aux idées républicaines depuis une quinzaine d'années. La visite du président Emile Loubet s'inscrit dans un climat moins favorable en avril 1905. Les dissensions au sein du camp républicain sont ravivées par l'attitude du maire et ancien député Abel Surchamp. L'accueil reste particulièrement froid malgré une débauche de décorations et une foule dense. Emile Loubet est surpris par le local des bains-douches qu'il inaugure et auquel on donne son nom. *L'Indépendant libournais* rapporte le mot du président lancé à Abel Surchamp : *« Grâce à vous les gens sales pourront désormais se laver ! »*

Léo David propose un projet d'arc de triomphe réalisé avec des barriques. Il remporte un succès certain auprès de la population. L'arc portait une inscription à la gloire du Cercle des Girondins, association créée le 19 mai 1900, présidée par monsieur Rodanet et regroupant 96 membres autour d'Abel Surchamp. Leurs ennemis politiques parlent du Cercle des Grondins !

L'arrivée du train présidentiel de Loubet a lieu dès 7 heures du matin, le 24 avril 1905. Les officiels et une « *foule de ruraux endimanchés* » attendent le président. *L'Indépendant libournais* donne un compte rendu acide de cette réception, évoquant un conseil municipal « *frisé, musqué, pommadé* » et la « *révérence Louis-Quinzième, qui fait l'admiration de tous* » du maire. Emile Loubet quitte Libourne en bateau pour rejoindre Bordeaux.

Avant Emile Loubet, Libourne reçut d'autres visites, celle du duc d'Orléans constitue sans doute une des formes les plus achevées de la visite officielle. Le 22 août 1839, le fils de Louis-Philippe arrive dans la bastide, « *salué par les acclamations les plus vives et par les élans d'un enthousiasme vrai et sincère* [...] ». Après la réception à Libourne, le prince découvre les richesses historiques de Saint-Emilion.

Le duc de Nemours et son épouse séjournent six ans plus tard à leur tour dans la ville, du 3 au 5 août 1845. Cette visite s'inscrit dans un voyage de deux mois dans le Sud-Ouest. La visite de ces deux princes de la maison d'Orléans montre l'influence politique du duc Decazes, bienfaiteur de la ville.

Le 18 avril 1846, Ibrahim Pacha, prince égyptien en visite officielle, traverse la ville, se rendant de Bergerac à Bordeaux. Un tel spectacle provoque un certain intérêt, accentué par le caractère exotique de la personnalité et la renommée du grand chef militaire ami de la France. *La Chronique de Libourne* montre cet engouement : « *Une quantité considérable de monde stationnait depuis plusieurs heures dans tous les quartiers que ce prince devait traverser.* »

Au XXe siècle, un phénomène nouveau apparaît : le mythe de la star. Un Girondin, l'acteur et cinéaste Max Linder, commence à faire l'objet d'un culte. Il se produit à Libourne le 17 juin 1911 et *L'Indépendant Libournais* salue alors ce « *talentueux artiste qu'on peut à juste titre, surnommer le "roi du cinéma" et dont la célébrité est quasi universelle.* » Une autre époque commence...

7

Vignobles et vins prestigieux

Vignobles, vins et propriétés orientent les rapports économiques et sociaux à la veille de la première guerre mondiale. Saint-Emilion, Pomerol et Fronsac subissent un contrôle libournais. L'Entre-Deux-Mers et le pays Foyen connaissent les influences bordelaises ou bergeracoises. En septembre 1909, la fête des Vendanges, à Bordeaux, conforte le caractère viticole du département et la place indéniable du Libournais. Le monde viticole girondin traverse plusieurs crises au XIXe siècle. En 1874, Libourne possède un vignoble couvrant 816 hectares, *joualles* comprises, s'étendant sur les terrasses et les palus des 2 056 hectares de superficie communale. L'apparition du phylloxéra entraîne la multiplication des plantations, de 1880 à 1900, dans les palus, sur les deux rives de la Dordogne. Le Libournais échappe d'autant plus à la crise que les vignes ne sont pas toutes atteintes. Les ventes de vins de palus profitent des appellations Saint-Emilion et Pomerol, utilisant un vide juridique comblé seulement en 1913. Justin Peyraud, courtier en vins de la place, souligne dans sa correspondance en 1884 que *« pas mal de Maisons de Libourne se livrent à une certaine cuisine »*.

La bourgeoisie négociante participe, depuis le XVIIIe siècle, à la révolution viticole à Canon-Fronsac, Saint-Emilion et Pomerol. Les marchands libournais, qui, dans la première moitié du XIXe siècle, se chargeaient essentiellement de la commercialisation des blés et autres produits céréaliers, créent de plus en plus, au milieu du siècle, de vrais domaines viticoles, devenant ainsi, peu à peu, des marchands de vin de qualité. C'est le cas des Fourcaud et Fontémoing qui disposaient de grands domaines à la fois viticoles et céréaliers. Au début du XXe siècle, les propriétés viticoles les plus réputées appartiennent ainsi à quelques familles : Danglade, Fontémoing, Horeau, Legendre, Princeteau à Fronsac ; Chaperon, Ducasse, Fourcaud, Lacaze et Robin à Saint-Emilion ; Beylot, Durand-Dégrange, Giraud et Nicolas à Pomerol. Ces domaines à la campagne enracinent ces familles, tout en offrant des lieux de villégiature agréables.

Les vendanges commencent entre le 10 et le 30 septembre. Les habitants des communes viticoles étant insuffisants en nombre, les propriétaires ont recours à la main-d'œuvre des départements voisins. Les groupes de vendangeurs (manœuvres) sont dirigés par un « commandant » pour douze ou quinze *règes* de vigne. Edouard Féret précise que sa tâche *« est de hâter la marche des coupeurs, de veiller à ce qu'ils ne laissent pas de raisins sur pied, qu'ils ne prennent que ce qui est mûr et sain, ramassant les grains tombés et ne laissant point de feuilles sèches ni rien d'étranger au fruit dans les paniers »*. Les femmes et les enfants sont chargés de couper, les hommes de recevoir les paniers et de les verser dans la *baste*, baquet en bois contenant environ 24 litres.

A Libourne, le passage des vendangeurs venus du Périgord est déjà un événement sous la monarchie de Juillet. Les troupes interviennent sur les grands domaines. Les petites propriétés familiales sont vendangées avec les parents et les voisins. L'entraide caractérise encore la vie rurale.

L'opération du nettoyage des paniers est essentielle afin de garantir la qualité de la vendange. Les régisseurs des grandes propriétés s'attachent à maintenir une discipline parmi leurs nombreuses troupes. Ce document rare présente une troupe de 50 vendangeurs sur une propriété de Saint-Emilion située sur la côte, site des meilleurs crus.

La vigne est cultivée, tantôt à la houe et à bras, tantôt à la charrue hippotractée. Dans le second cas, plus fréquent, les pieds, plantés en lignes droites, sont à 1,33 mètre de distance dans les rangs, eux-mêmes à 1,33 mètre les uns des autres.

En 1900, un canon anti-grêle fonctionne sur le domaine du château Pavie, fleuron des grands crus de Saint-Emilion dominant la route de Castillon à Libourne. Ce canon est du type élaboré par l'entreprise de Victor Vermorel, industriel à Villefranche-sur-Saône. La commune en compte 25 en 1900 et 46 en 1902, répartis chez 37 propriétaires.

POMEROL - Les Vendanges au Château Latour. Propriété de Mme Ed. LOUBAT

37173 - Arrivée des vendangeurs - Clos du Clocher
Premier Cru Pomerol près de l'Eglise de POMEROL
J.-B. AUDY, Propriétaire

Au début du XXe siècle, les vins de Pomerol atteignent une certaine notoriété, les plaçant, pour beaucoup d'entre eux, devant les saint-émilion et à un rang comparable aux 2es crus du Médoc.
La marche vers la qualité est engagée ici depuis le XVIIIe siècle. Les Corréziens donnent à ce vignoble une notoriété mondiale avec le domaine exceptionnel de Pétrus. Jean-Baptiste Audy, négociant corrézien, fait l'acquisition du Clos du Clocher, à Pomerol. Dès 1919, il achète aussi des chais, quai du Priourat à Libourne. Il devient le fournisseur de dizaines de négociants « fictifs » de Corrèze, illustrant l'expression *« Meymac, près Bordeaux »*, qui désigne la pratique de ces négociants non résidants en Gironde et plaçant des vins dans le nord-ouest de la France, à Paris et en Belgique. La grande majorité des propriétés à Pomerol sont encore, avant la première guerre mondiale, aux mains de Libournais et de Girondins.

Canon est le premier terroir de qualité en Libournais au XVIIIe siècle selon le géographe Henri Enjalbert. Au début du XIXe siècle, le Charentais Martell, député de Libourne de 1838 à 1842, investit en Fronsadais en achetant le château de Lavalade. Ce domaine produit au début du siècle suivant 100 tonneaux d'un vin très apprécié du commerce.

Le domaine de Layne, propriété en palus à Fronsac, donne 40 tonneaux d'un vin rouge ordinaire, recherché pour la Hollande et la Belgique en 1920. Le château Gros-Bonnet produit la même année 30 tonneaux d'un vin de qualité vendu à un prix élevé, classé en Canon-Fronsac. Ces types de propriétés illustrent les différents terroirs du Fronsadais.

La traction animale repose aussi sur des bœufs. Les charrois constituent l'essentiel du travail de ces animaux. Ils sont communs dans tout le Libournais. Habitant le château Pontus, à Fronsac, René Princeteau consacre de très nombreuses heures à peindre des bœufs au travail. Le musée de Libourne conserve plusieurs toiles sur ce thème.

Les vendangeurs arrivent par le chemin de fer à Libourne. Ils se joignent aux Libournais sans emploi, aux femmes et aux enfants qui trouvent dans ce travail saisonnier une occasion de gagner un salaire et d'être nourris. Le restaurant Au Pigeon Blanc, place Decazes, a longtemps été une adresse réputée… et un point de rencontre facile à trouver.

Avec l'arrivée de la vendange commence la vinification. Le vin dépend de plusieurs opérations avant d'être conservé dans des barriques. Cette scène de pressoir montre dix adultes en plein labeur, deux enfants et trois personnes en tenue de ville, sans doute le propriétaire et des amis intéressés par une opération déterminante pour la qualité du breuvage.

Hector Robin (1849-1926), ancien officier, prend la direction de la Maison Robin frères en 1874. Comme beaucoup de négociants, il a plusieurs propriétés (ici celle de Fronsac), dont une à Tizac-de-Curton, petite commune dont il fut maire à la fin du XIXe siècle. En 1908, il se rend régulièrement à bicyclette dans ses propriétés pour suivre les vendanges, illustrant par là les liens de Libourne avec les vignobles prestigieux de la région.